AF567971

Jessica Lütge

DUNKLE GESCHICHTEN AUS Cuxhaven

Bildnachweis

Alle Bilder von Jessica Lütge mit Ausnahme von S. 33 von Peter Bussler.

Dank

Ein großes Dankeschön für die Unterstützung an Peter Bussler, Hans Hochfeld und Joshua Lütge.

Literaturangaben

Baltes, Peter: Gestrandet … / … Gesunken … Das Ende der ‚Luise Leonhardt'. 1983.

Bussler, Peter: Erbauer des Modells von Schloss Ritzebüttel. Der Cuxhavener Graphiker Conrad Hermann Eduard Klemke. In: Männer vom Morgenstern, Heimatbund an Elb- und Wesermündung e.V. (Hg.): Niederdeutsches Heimatblatt Nr. 834. Juni 2019.

Dettmer, Frauke: Cuxhavens Juden 1933 bis 1945. 2011.

Huster, Herbert (Hg.): Die große Februarsturmflut 1962 an Elbe-, Weser- und Ostemündung. 1962.

Kiedel, Klaus-Peter; Koperschmidt, Horst: Rund um Steubenhöft und Alte Liebe. In: Schriften des Deutschen Schifffahrtsmuseums Bremerhaven. 2014.

Lindner, Jörn; Müller, Frank: Mitglieder der Bürgerschaft. Opfer totalitärer Verfolgung. 2012.

NABU-Bundesverband (Hg.): Vogelparadies Wattenmeer. 2012.

Hansen, Heinrich: Nachdem einer enthauptet, wurde hurra gerufen. In: Mitteilung der Männer vom Morgenstern, Heimatbund an Elb- und Wesermündung e.V. Niederdeutsches Heimatblatt 493. 1981.

Richarz, Klaus: Fledermäuse beobachten, erkennen und schätzen. 2015.

Stadt Cuxhaven (Hg.): Spuren suchen – Spuren legen. Drei Stadterkundungen zur Cuxhavener Geschichte. 2017.

Tegge, Manfred: Relikte in Niedersachsen und Bremen. www.relikte.com

Wendowski-Schünemann, Andreas: 2000 Jahre Geschichte: Der Galgenberg in Cuxhaven. Faltblatt 25, Wege in der Kulturlandschaft zwischen Elbe und Weser. Landschaftsverband Stade.

Wildfang, Gerd: Militärische Bauten der ‚Festung Cuxhaven' ab 1870. 2010.

1. Auflage 2020

Umschlaggestaltung: r2 | Ravenstein, Verden
Layout und Satz: Schneider Professionell Design, Schlüchtern-Elm
Druck: Druckerei Zimmermann Druck + Verlag GmbH, Balve
Buchbinderische Verarbeitung: Buchbinderei S. R. Büge, Celle

34281 Gudensberg-Gleichen, Im Wiesental 1
Tel. 0 56 03 - 9 30 50 www.wartberg-verlag.de
ISBN 978-3-8313-3273-1

Inhalt

Vorwort

Liebe Leserin, lieber Leser,

Cuxhaven hat mehr zu bieten als Watt, Strand oder das vielfältige Umland. Cuxhaven zeigt unglaublich viele Perspektiven, die es lohnen, nach und nach entdeckt zu werden. Manchmal sind es verborgene Ecken und Winkel, die Geschichten erzählen, manchmal sind es Erinnerungen, die lebendig bleiben, weil man sie nicht vergisst.

Cuxhaven ist für seine frische Brise bekannt und für das wechselnde Wetter. Doch auch, wenn gelegentlich dunkle Wolken aufziehen und am Horizont bedrohlich wirken, so sieht man doch oft, wie ein Sonnenstrahl diese Wolken durchbricht. So ist es auch mit vielen dunklen Geschichten in diesem Buch: Einige wirken unheimlich oder bedrohlich, andere zeigen Faszinierendes aus einer verborgenen Welt und wieder andere entführen Sie in die nahe Vergangenheit, die uns heute noch berührt. Und doch kann man in vielen Geschichten einen kleinen Hoffnungsschimmer entdecken, wie die Sonne, die durch die Wolken scheint, sodass Dunkles im Licht betrachtet ganz neue Perspektiven auch für die Zukunft zeigt.

Entdecken Sie, liebe Leserin und lieber Leser, in diesem Buch vielfältige Geschichten, die Ihnen interessante verborgene Seiten von Cuxhaven zeigen.

Herzliche Grüße aus Cuxhaven
Dr. Jessica Lütge

Kunst im Kühlhaus

Herrlicher Sonnenschein an einem warmen Sommertag 2014 in Cuxhaven. Eine leichte Brise weht angenehm von der Elbe in den Fischereihafen herüber. Mit seinen historischen Hallen, Kühlhäusern und den zahlreichen backsteinroten Fischgeschäften der Fischmeile ist der Alte Fischereihafen ein Publikumsliebling. Vor der eisernen Tür des Kühlhauses 1 in der Fischhalle IX wartet eine Besuchergruppe. Normalerweise werden hier und im gesamten Fischereihafen die angelandeten Fische der Kutter gekühlt und in den angrenzenden Fischhallen fachgerecht zerlegt. Vor über 30 Jahren lagerten hier im Kühlhaus 1 die Heringe der Cuxhavener Fischindustrie. Die Fische kamen gesalzen oder gesäuert in Holzfässern an und mussten dann kalt garen. Seitdem steht das große Kühlhaus leer und verfällt allmählich als historischer Ort. Doch diesmal ist alles ganz anders. Die kleine Besuchergruppe ist an diesem Tag nicht an Fischen, sondern an der Ausstellung „Fisch – Salz – Luft – Rauch“ des Cuxhavener Kunstvereins interessiert.

Nach dem Betreten des dunklen Kühlhauses bleibt der Sommer draußen. Die schwere Eisentür fällt zu. Es ist still. Durch einen langen Gang geht es abwärts in den Keller, der fast zehn Meter unter der Erde liegt. Von sommerlichen 32 Grad fällt die Temperatur auf fröstelige 12 Grad. Eine Besucherin zieht die Baumwolljacke über ihrem Top enger. Die Treppe hinunter ist steil und eng. Unten angekommen, weitet sich der Gang in eine große geflieste Halle. Ein scharfer Geruch, der an Ammoniak erinnert, liegt in der Luft und breitet sich in dem labyrinthischen Keller aus. Günter Krins, ehemaliger technischer Betriebsleiter, erklärt, dass hier früher 2800 Kilogramm Ammoniak lagerten und als Kältemittel eingesetzt wurden. „Das war nicht ungefährlich. Frü-

Noch heute sind die Bilder der Ausstellung im Keller des Kühlhauses zu sehen.

her mussten immer zwei Mann die Ammoniakanlage überwachen, rund um die Uhr im Schichtbetrieb. Gas- und Schutzmasken mussten stets griffbereit sein."

Ein unheimliches Gefühl beschleicht einige Besucher. Doch nicht nur wegen des beißenden Geruchs. Der Keller des Kühlhauses besteht aus verschiedenen Gängen mit Metalltüren und Gucklöchern in Räume, die an Gefängniszellen erinnern. Es ist dunkel hier unten. Sogar der einmal betätigte Lichtschalter kann die Räume nicht erhellen, sodass man sich mit einer Taschenlampe im Dunkeln vortasten muss bis zum nächsten Schalter. Dies ist kein Ort für Menschen mit Klaustrophobie! Über die Bodenfliesen huschen Schatten der Taschenlampe.

Die Kunstinteressierten erreichen die Ausstellung. Ein kurzes Stutzen: Eine Wand hier unten ziert ein überdimensionaler silberner Aal, der in seiner Farbigkeit bereits jetzt schon langsam wieder abblättert. Dies ist auch das Konzept der Ausstellung:

So wie die Halle langsam verfällt, soll auch die Kunst nur eine Momentaufnahme sein und dann verschwinden. Die Künstler der „Nartur Kunstgruppe“ greifen die Geschichte des Fischfangs in besonderer Weise auf. Manches wirkt wie Street Art in knallbunten Farben – und das alles zehn Meter unter der Erde. Man kommt sich ein bisschen vor wie bei Dante, hinuntergejagt bis „zum tiefsten Grunde“.

Zwei Wochen haben hier die Künstler, abgeschottet vom fröhlichen Sommertreiben draußen, gearbeitet. Den weitläufigen Katakomben haben sie wieder für einige Zeit Leben eingehaucht. Die Räume mit ihrem morbiden Charakter sind nun Teil der Kunst oder die Kunst Teil der Räume: Bilder auf bröckelndem Putz oder Girlanden, die im Wind eines Ventilators flattern, geben der Stille einen sanften Klang. „Auch ein ‚Lost Place‘ kann zur Inspirationsquelle werden“, überlegt Hans Hochfeld, Vorsitzender des Cuxhavener Kunstvereins, während er eine Holzpalette betrachtet, die durch geschickte Konstruktion beinahe über dem gelblichen abgenutzten Fliesenboden zu schweben scheint.

Doch mancher Aufsichtsperson ist es etwas mulmig, wenn sie oben einen oder mehrere Besucher in Empfang nimmt und dann in der Einsamkeit des Kellergewölbes durch die Ausstellung geleitet. So müssen immer zwei Aufsichten vor Ort sein mit jeweils zwei Taschenlampen bestückt, damit eine zur Reserve vorhanden ist. Im Dunkeln würde man kaum den Weg hinaus finden. Einmal fiel sogar die Außentür nach oben zu, die von innen nicht mehr geöffnet werden konnte. Das beklemmende Geräusch von dumpfen Schritten auf der Treppe wurde allerdings zur Erlösung, als ein Wachmann die Tür von außen aufschloss.

„Beeindruckend und spektakulär“ – so beschreiben Besucher die Ausstellung an diesem ungewöhnlichen Ort.

Nach vier Wochen ist die Ausstellung vorbei. Die Bilder sind abgehängt und die Installationen entfernt. Es ist wieder still geworden hier unten. Vielleicht haben die Besucher der Ausstellung noch ein letztes Mal das Kühlhaus unterhalb der Fischhalle leben lassen, bevor auch der silberne Aal an der Wand verschwunden sein wird. In der Dunkelheit des Cuxhavener Kühlhauses 1. Doch von der Ausstellung erzählen die Besucher heute noch. Und wer weiß, vielleicht findet in den Gewölben des Kühlhauses irgendwann wieder einmal etwas Besonderes statt. Dann wird es für einige Zeit zum Leben erweckt mit Erinnerungen an das einstige geschäftige Treiben.

Der Untergang der Elbe 1

Langsam nähert sich das Feuerschiff Elbe 1 auf seiner Gedenkfahrt der Stelle des großen Unglücks von 1936. 80 Jahre sind seitdem vergangen. Die 80 geladenen Gäste auf dem Schiff, die vorher noch plaudernd beisammengesessen haben, werden ganz still, als die Elbe 1 draußen auf der Elbmündung vor Cuxhaven die traurigen Koordinaten des Untergangs erreicht. Es ist kalt, der Himmel grau und die Wellen schaukeln das nun gestoppte Schiff hin und her. Jeder der Gäste an Bord hängt an in diesen Minuten seinen Gedanken nach.
Die Elbe 1, deren richtiger Name eigentlich „Bürgermeister O'Swald II“ ist, ist ein 57,30 Meter langes und 9,95 Meter breites Feuerschiff. Seinen Namen erhielt es nicht etwa, weil es Feuer auf anderen Schiffen löscht, sondern draußen in der Elbmündung anderen Schiffen durch sein Leuchtfeuer den richtigen Weg weist. Feuerschiffe sind Seezeichen, die in den Wasser-

straßen für die Sicherheit sorgen. Sie liegen immer gut sichtbar an besonderen Positionen. Die heutige Elbe 1 wurde 1948 in Betrieb genommen und liegt nun seit 1990 als Museumsschiff am Anleger der „Alten Liebe" in Cuxhaven. Es wird liebevoll vom Feuerschiff-Verein-Elbe-1 betreut und fährt immer mal wieder auf kürzere und längere Passagierfahrten. Im Grunde ist die Elbe 1 jedoch ein Arbeitsschiff und das merkt man sofort, wenn man sie erkundet.

In einer kleinen und praktischen Kombüse steht ein riesiger Topf, in dem gerne deftige Eintöpfe gekocht werden. Auf dem Feuerschiff arbeiteten seit 1948 immer 27 Mitarbeiter rund um die Uhr in drei Schichten. Seit 1988 dann nur noch etwa 15 Männer. Obwohl das Feuerschiff stets an einer Position fest verankert lag und diese auch nicht aufgeben konnte, war die Arbeit nie eintönig: Das Schiff musste gewartet werden, die Männer führten meteorologische und hydrologische Messungen durch oder achteten auf die Einhaltung der Ordnung der Seeschifffahrtsstraße in der Elbmündung. Während dieser Arbeit wurde die Elbe 1 fast 50-mal gerammt und somit zum Feuerschiff mit den meisten Kollisionen. Als sogenanntes Stromschiff hat die Elbe 1 einen großen Tiefgang und lag auf einem weit vorgeschobenen Positionsposten in der besonders gefährlichen Elbmündung, die dort 25 Meter tief ist. Die Wellen, die auf das Schiff einströmen, verursachen immer wieder starke Bewegungen und lassen das Schiff oft in gefährliche Schräglage kommen. Es ist das größte und letzte bemannte Feuerschiff. Als Ersatz liegen vor den deutschen Küsten vollautomatische Feuerschiffe oder auch Leuchttonnen, die jetzt die Schifffahrtswege kennzeichnen.

Bei jedem Schritt an Deck klappert es metallisch. Mit hohen Absätzen sollte man hier besser nicht entlanggehen. Aber wer will das auch schon? Blickt man nach oben, so fällt sofort der hohe

Mast auf, der genau 15 Meter über der Wasserlinie ist. Die Laterne ist zwei Meter hoch und mit einem Scheinwerfer bestückt, der mit 2000 Watt, später dann mit 1000 Watt weit in den Umkreis hinausstrahlte. So konnten die vorbeifahrenden Schiffe immer im richtigen Winkel in der Fahrrinne der Elbe bleiben.

Während das Schiff auf seiner Gedenkfahrt durch die Wellen pflügt und die Gischt weiß aufschäumt, werden die Gespräche der Gäste immer leiser. Langsam nähert sich die Elbe 1 derjenigen Stelle weit draußen vor Cuxhaven, wo man das Land nicht mehr sieht, wo die „Bürgermeister O'Swald I" vor 80 Jahren gesunken ist. Auch sie hieß „Elbe 1" und war der Vorläufer des heutigen Schiffes, das sehr ähnlich aussieht.

„Am 27. Oktober 1936 zwischen 14 Uhr und 14.30 Uhr ist das Feuerschiff ‚Elbe1' im Sturm gekentert; die Besatzung von 15 Mann hat den Tod gefunden." So begann damals der Spruch des Seeamtes Hamburg.

Es hatte die ganze Nacht gestürmt. Der Wind peitschte über den Deich. Auf den Straßen konnten sich die Menschen kaum auf den Beinen halten. Bäume zerbarsten, an Schlaf war kaum zu denken. Immer wieder schreckten die Menschen in der Nacht auf. Mittlerweile brachen sich die Wellen schon an der Deichkrone, und die war immerhin vier Meter hoch. Wäre es nicht so bedrohlich, hätte man es als gigantische Naturgewalt bewundern können. Am Himmel zogen schwarze Wolkenfetzen vorbei. Die Dämmerung brach an. Das Donnern des Sturmes und der Wellen ging weiter. Die älteren Cuxhavener standen nah beieinander. Die Fischer schauten sorgenvoll hinaus. Sie kannten Sturmfluten, aber eine von solcher Tragweite hatten auch sie nur selten erlebt. Ständig war sie da, die Angst um den Deich. Wenn dieser brechen würde, dann wäre das Land verloren. Gab es draußen überhaupt noch Schiffe? Die Augen der Fischer wur-

Die Elbe 1 kann besichtigt werden, und auch Fahrten kann man unternehmen.

den schmal. Einer flüsterte fast tonlos: „Die Elbe 1“. Die Wucht des Sturmes erstickte fast jedes Wort. Immer wieder überspülten gefährliche Brecher den Deich.

Bei den Menschen, die gemeinsam Schutz suchten, machte schnell die traurige Neuigkeit die Runde, dass der Kontakt zur Elbe 1 draußen abgebrochen war. „Das sind erfahrene Seeleute“, versuchte jemand zu beruhigen, „die kommen im Sturm schon klar.“ Niemand wagte daran zu denken, was im schlimmsten Fall passieren könnte.

In diesen Stunden fuhr der englische Kapitän Smith mit seinem Dampfer „The President“ an der Position der Elbe 1 im tosenden Sturm vorbei. Auch sein Schiff schwankte beachtlich. Eigentlich wollte er von Bremen nach Glasgow, und suchte jetzt Schutz in der Elbmündung. Er befand sich auf derselben Höhe wie die Elbe 1 und beobachtete wie das Feuerschiff quer zum Strom lag. Die komplette Backbordseite war den ständigen hohen Wel-

len ausgesetzt und damit fast schutzlos der Kraft des Sturmes und der Wellen ausgeliefert. Eine besonders gewaltige Welle warf das Schiff plötzlich auf die Steuerbordseite, sodass es seitlich auf dem Wasser lag. War es die starke Ankerkette, mit der das Feuerschiff im Grund befestigt war, die es daran hinderte sich aufzurichten?
Es trieb noch zehn Minuten auf den Wellen bevor es versank. Die englische Besatzung auf dem Dampfer musste tatenlos zusehen und konnte nicht helfen. Später berichtete Kapitän Smith, dass ihn der Untergang der Elbe 1 sehr ergriffen habe.
Da wahrscheinlich die Funkanlage ausgefallen war, konnten auch keine SOS-Rufe mehr abgesetzt werden. Mit geschlossenen Schotten war das Feuerschiff gesunken. Eine fürchterliche Tragödie für die Seeleute. Sofort wurden Suchaktionen veranlasst, doch der Sturm war immer noch stark, sodass das Schiff nicht geborgen werden konnte. Der Gedanke wurde quälend, ob eine Rettung der Seeleute noch möglich gewesen wäre. Eigentlich hätte diese Mannschaft vorher abgelöst werden sollen, aber aufgrund des Sturmes war dies nicht möglich. Sie hatte bis zuletzt ihre Pflicht erfüllt. Den Angehörigen, den Cuxhavenern und auch allen anderen Seefahrerkreisen oder Behörden ging die Nachricht des Untergangs der Elbe 1 sehr nahe. Die Flaggen an den Häusern wurden auf Halbmast gehisst – 15 Männer hatten den Tod gefunden.
Im April 1937 wurden die Masten und der Feuerturm des Wracks geborgen. Der Rumpf des Schiffes liegt jedoch noch immer an der Stelle des Unglücks, eingegraben in den Sand der Strömung. Die Besatzungsmitglieder erhielten 1939 auf dem Friedhof in Brockeswalde ein Seefahrer-Ehrenmal.
Drei laute Signaltöne durchbrechen die Stille. Die 80 Gäste verstummen vollends. Manche haben Tränen in den Augen. Auch

wenn das Unglück 80 Jahre her ist, so ist jeder im Innersten angerührt. Das Schiff hält genau auf der Position des Untergangs. Ein Blick in die Tiefe lässt erschauern. Und der Blumenkranz, der hinabgelassen wird, schwimmt langsam davon und versinkt. Nur einzelne Blütenblätter treiben noch an der Oberfläche. Auch heute, am 27. Oktober 2016, ist es ein nasskalter Tag mit dunklen Wolken. Doch beim letzten Signalton lassen Sonnenstrahlen einen Schimmer auf dem Wasser zurück. Langsam setzt sich die Bürgermeister O'Swald II wieder in Bewegung Richtung Cuxhaven. Die 15 Seeleute sind nicht vergessen.

Stolpersteine als Erinnerung

Unheimliche Schritte hallen durch die leeren Straßen Cuxhavens. Es sind die Schritte von mehreren Männern, die nur ein Ziel haben: Die Festnahme von Mandatsträgern oder Parteimitgliedern, die in der Weimarer Republik unter anderem den Sozialdemokraten, Liberalen, Gewerkschaften oder Kommunisten nahestanden. Rufe, Schreie, Weinen und dann das Verstummen. Es ist das Jahr 1944, in dem die „Aktion Gewitter", als umfassende Verhaftungsaktion der Gestapo nach dem gescheiterten Attentat auf Adolf Hitler durchgeführt wird. So wurden auch die Cuxhavener Wilhelm Heidsiek und Heinrich Grube im August 1944 als politische Häftlinge gefangen genommen und im KZ ermordet.
Etwa 70 Jahre später steht an dem Haus, in dem Heidsiek seine Redaktion hatte, eine Gruppe Schüler, die an die Geschehnisse erinnern will. Gemeinsam mit dem Künstler Gunter Demnig verlegen sie auf dem Gehweg einen Stolperstein. Dieser ist eine messingfarbene Gedenktafel mit dem Namen der Opfer der nationalsozia-

Der Stolperstein für Wilhelm Heidsiek auf dem Kaemmererplatz.

listischen Gewaltherrschaft. Gunter Demnig sagt: „Ein Mensch ist erst vergessen, wenn sein Name vergessen ist.“ Und genau diesem Vergessen wollen die Stolpersteine entgegenwirken.

So steht vor dem letzten Wohnhaus der jeweiligen Opfer auf dem Stolperstein der Name, das Geburtsdatum sowie das Datum und der Ort der Ermordung. Erika Fischer, die das Projekt mitinitiiert hat, ist es wichtig, dass sich vor allem junge Menschen mit der Geschichte beschäftigen.

Bisher wurden in Cuxhaven 22 Stolpersteine verlegt. Doch wer sind die Menschen, die hinter den Namen stehen?

Wilhelm Heidsiek war zunächst Schriftsetzer beim Cuxhavener Volksblatt, bevor er nach Hamburg ging. 1919 kehrte er nach Cuxhaven zurück und gründete als Redakteur und Verleger die sozialdemokratische Zeitung „Alte Liebe“. Neben seiner Arbeit engagierte sich Heidsiek in der Cuxhavener SPD und war bald Mitglied des Parteivorstandes.

1933 wurde Heidsiek von den Nationalsozialisten von allen Ämtern ausgeschlossen und wegen der Teilnahme an einer nicht genehmigten Kundgebung zu zehn Wochen Gefängnis in Otterndorf verurteilt. Auch die Zeitung „Alte Liebe" wurde eingestellt, sodass Heidsieks Familie die Existenzgrundlage verlor. Er versuchte in anderen Berufen zu arbeiten und engagierte sich weiter mit anderen ehemaligen Parteimitgliedern. Im Rahmen der Aktion Gewitter wurde er 1944 verhaftet und schließlich in das KZ Neuengamme gebracht. Dort starb er am 7. November unter der offiziellen Bekanntmachung „Herzschlag". Sein Werk beschäftigte die Menschen in Cuxhaven jedoch weiter und so wurde 1948 die Hermannstraße, in der er zuletzt wohnte, in die Wilhelm-Heidsiek-Straße umbenannt. Auf dem Kaemmererplatz erinnert seit 2016 ein messingfarbener Stolperstein an ihn.

Auch nach seinem Freund Heinrich Grube wurde eine Straße benannt, der Heinrich-Grube-Weg. Während der hohen Arbeitslosigkeit in den Zwanzigerjahren, organisierte Heinrich Grube als Leiter des Cuxhavener Wohlfahrts- und Jugendamtes Großeinkäufe von Lebensmitteln und schaffte es, mit der Brockensammlung seinen Etat zu ergänzen, damit er Hilfsbedürftige unterstützen konnte. 1933 wurde ihm gekündigt, jedoch kam er 1939 in den Notdienst in den Zollgrenzschutz. Auch er wurde im August 1944 nach dem Hitler-Attentat mit seinem Freund Wilhelm Heidsiek in das KZ Neuengamme gebracht, wo er im November nur eine Woche nach seinem Freund starb. Vor dem Cuxhavener Rathaus im Grünen Weg liegt ein Stolperstein zu seinem Gedächtnis.

Das Projekt „Stolpersteine" wurde vom Förderverein Cuxhaven, der Stadt und verschiedenen Cuxhavener Schulen gemeinsam mit

dem Künstler Gunter Demnig ins Leben gerufen. Fachlich unterstützt wird das Projekt von Dr. Frauke Dettmer. Der erste Stolperstein erhielt seinen Platz 2012, der bisher letzte der 22 Stolpersteine 2016. Die Schüler des Amandus-Abendroth-Gymnasiums haben sich viel Mühe gegeben und eine GPS-Tour erstellt.
Jedes Schicksal der verfolgten NS-Opfer ist berührend und erschütternd. Ganz besonders das einer ganzen Familie, die ausgelöscht wurde. Gleich vier Stolpersteine befinden sich deshalb in der Großen Hardewiek 1. Bernhard Rosenthal besaß eine Schlachterei, die seit dem Boykott-Tag am 1. April 1933 immer mehr in den Ruin ging. Eine seiner drei Töchter, Erna Rosenthal, konnte auf sein Anraten in die Niederlande emigrieren. 1936 starb seine Frau Selma, sodass er mit seiner Tochter Gerda zu seiner ältesten Tochter Minna nach Hamburg zog. Von dort wurde er 1942 in das KZ Theresienstadt deportiert und ermordet. Auch Minna, die seit 1936 noch andere Familienmitglieder aufgenommen hatte, wurde mit ihrem Mann und ihrer Tochter nach Minsk deportiert, wo sie umkam. Ihre Tochter wurde in das KZ Theresienstadt und später nach Auschwitz gebracht, wo auch sie starb. Gerda Rosenthal wurde ebenfalls mit ihrem Mann nach Minsk deportiert, wo beide ermordet wurden.
Nur Erna Rosenthal überlebte das Inferno dank der frühzeitigen Emigration. Dort wurde sie zwar im KZ Westerbrok inhaftiert, nach Kriegsende jedoch befreit. Sie starb mit hundert Jahren 2004 in Hilversum.
Die anderen Lebensgeschichten, die hinter den Stolpersteinen stehen, sind ebenso berührend und machen traurig und betroffen. Manchmal verliert ein solcher Stolperstein durch die Witterung ein bisschen von seinem bronzefarbenen Glanz. Doch immer wieder findet sich jemand, der ihn dann putzt, sodass die Namen sichtbar bleiben und die Schicksale nicht vergessen werden.

Gefahr im Watt

An einem Spätsommertag 2019 kreist ein Hubschrauber über dem Watt. Viele Menschen schauen sorgenvoll nach oben. Es muss etwas Schlimmes passiert sein.
Eigentlich sollte es eine interessante Fahrt mit dem Wattwagen von Sahlenburg nach Neuwerk sein. Sechs Fahrgäste und die Kutscherin freuten sich auf den Weg, der vor ihnen liegt. Normalerweise sind die stabilen Wattwagen mit ihren großen Rädern auf den bekannten Wegen im Watt sicher. Doch an diesem Tag hatte eines der Pferde Angst, als ihnen eine Wattwagenkolonne von Neuwerk entgegenkam. Es scheute und brach nach rechts aus, um dann schnell nach links zu drehen und so die Kutsche umzureißen. Voller Panik lief das Pferd mit dem zerbrochenen Wattwagen noch fast 30 Meter weiter. Die Fahrgäste wurden aus dem Wagen geschleudert. Zum Glück wurden nur vier Personen leicht verletzt. Die entgegenkommende Wattwagenkolonne konnte diese wieder zurück nach Sahlenburg mitnehmen. Zwei weitere Fahrgäste erlitten jedoch schwere Verletzungen – ein 68-jähriger Mann mehrere Rippenbrüche, eine Frau schwere Prellungen.
Schnell erschien die Wattrettung vor Ort und ein Hubschrauber überflog die Unglücksstelle. Der Notarzt entschied jedoch, dass die beiden Schwerverletzten letztlich nicht mit dem Hubschrauber ins Krankenhaus gebracht werden mussten. Die Pferde waren unverletzt geblieben und kamen mit dem Schrecken davon.
Besonders gefährlich ist die Stelle am Duhner Loch, einem Priel, in dem die Wasserstände so hoch werden können, dass die Kutschen umdrehen müssen. Da die Sicherheit immer Vorrang hat, müssen die Kutscher der Wattwagen eine besondere Fahrerlaubnis besitzen. Hierzu gehört, dass die Kutscher gesund-

heitlich geeignet und zuverlässig sind, entsprechende Wattkenntnisse besitzen und Erfahrungen nachweisen können. Die Erlaubnis wird immer nur für fünf Jahre erteilt und kann dann verlängert werden.

Doch die eigentliche Gefahr im Watt lauert an ganz anderer Stelle, denn wer denkt bei blauem Himmel und strahlendem Sonnenschein schon daran, dass man sich in Lebensgefahr befinden könnte?

Das Watt ist eine faszinierende Landschaft. Auf den ersten Blick sieht es vielleicht etwas eintönig grau aus, aber auf den zweiten Blick erkennt man seine Schönheit: Wenn das Wasser bei Ebbe abläuft und den Meeresboden nur noch ein paar Zentimeter bedeckt, schimmert es fast wie flüssiges Silber in der untergehenden Sonne. Eine kreisende Möwe am Himmel macht das Bild perfekt. So ist das Wattenmeer an der Nordsee nicht nur mit ca. 8000 Quadratkilometern eines der größten Ökosysteme seiner

So schön das Watt auch ist – manchmal kann es sehr gefährlich sein.

Art, sondern wurde auch von der UNESCO zum Weltnaturerbe ernannt. Zehn bis zwölf Millionen Vögel brüten und rasten auf ihrem Weiterflug hier, mehr als 10.000 Tier- und Pflanzenarten leben im und am Wasser. Doch auch wenn das Wasser ganz abgelaufen ist und den Boden komplett freigibt, kann man über vieles staunen, was man sonst nirgendwo zu sehen bekommt. Wer weiß schon, dass auf einem Quadratmeter Watt bis zu 100.000 Wattschnecken vorkommen? Schlickkrebse, Garnelen, verschiedene Muschelarten oder Wattwürmer findet man dann ebenfalls leicht. Es ist immer wieder faszinierend, die vielfältigen Spuren zu beobachten.
Doch nicht nur das Watt als Ökosystem braucht Schutz. Auch wer sich auf eine Wanderung begibt, sollte Schutzmaßnahmen ergreifen. Besonders gefährlich ist der plötzlich aufkommende Seenebel. Wenn man weit draußen im Watt ist, kann innerhalb von wenigen Minuten der Nebel die Sicht bis auf wenige Meter einschränken. Alle Geräusche werden verschluckt und man verliert die Orientierung. So haben sich schon viele Menschen verlaufen und konnten nur schwer wieder geortet werden. Auch die Schlicklöcher bilden eine große Gefahr. Sie wirken erst völlig harmlos, doch wenn man darin versinkt, kann man sich kaum wieder befreien.
So war es auch zwei Reitern mit ihren Pferden ergangen. Beide waren an einem schönen Sommerabend von Neuwerk aus in Richtung Sahlenburg gestartet. Plötzlich stürzte im Watt eines der Pferde und blieb liegen. Das andere Pferd legte sich gleich mit dazu. Die Reiter konnten beide Pferde nicht mehr zum Aufstehen bewegen. Gefährlich wurde die Situation, als Reiter und Pferde bei nun auflaufendem Wasser in Lebensgefahr gerieten. Zum Glück hörten entfernte Wattwanderer die Hilferufe und alarmierten die Wattrettung. Jetzt musste schnell gehandelt

werden, da das Wasser immer höher stieg. Schließlich waren zwei Hubschrauber, drei Rettungsboote und ein Seenotkreuzer im Einsatz. Mittlerweile war es dunkel geworden. Ein Hubschrauber fand die Reiter und die Tiere. Nach Mitternacht konnte das Reiterpaar, das bereits bis zur Brust im Wasser stand, im Rettungsboot geborgen werden, während die Pferde hinterher gezogen wurden. Zur Freude aller ging die Rettung gut aus und niemand wurde verletzt.

Was kann man aber machen, wenn man ohne Pferd oder Wattwagen unterwegs ist und einen die Flut überrascht, sodass der Rückweg abgeschnitten ist? So ist es im Sommer 2019 einer Gruppe von sechs Personen mit Hund ergangen, als gegen Mittag der Alarm bei der Berufsfeuerwehr Cuxhaven losging. Auf dem Weg nach Neuwerk war die Gruppe vom auflaufenden Wasser überrascht worden, das sie schnell eingeschlossen hatte. Die Flut kommt nicht etwa auf gerader Linie, sondern lässt an unterschiedlichen Stellen die Priele volllaufen, sodass diese nicht mehr überquert werden können. Als Rettungsmöglichkeit für Wattwanderer sind jedoch an unterschiedlichen Stellen Rettungsbaken aufgestellt. Sie sind mehrere Meter hoch und oben befindet sich ein „Käfig“, in den man sich flüchten kann. Als die Wattrettung eintraf, hatte sich auch die Gruppe mit Hund bereits in der Rettungsbake 7 in Sicherheit gebracht. Zwei Boote der Berufsfeuerwehr Cuxhaven und der Freiwilligen Feuerwehr Duhnen waren vor Ort sowie auf der Seeseite der Rettungskreuzer Anneliese Kramer. Mit dem Watt-Unimog wurde die Gruppe schließlich unverletzt ans Festland gebracht. Für eine Wattrettung bedarf es eines großen Aufwands und manches Unglück hätte vermieden werden können. So hatte sich auch diese Gruppe Wattwanderer nicht ausreichend über die Wattwanderzeiten informiert und war zu

spät nach Neuwerk losgelaufen. Hinzu kam, dass die Flut früher und höher als gewöhnlich einsetzte.
Das Watt ist eine wunderschöne Landschaft, deren Stille man immer wieder genießen kann. Wenn man sich vor Augen hält, dass es sich um Natur handelt, die unberechenbar ist und sich über die genauen Wattwanderzeiten informiert, Schutzkleidung vor schlechtem Wetter und ein Handy für den Notfall dabei hat, belohnt das Watt jeden, der sich mit diesem außergewöhnlichen Ökosystem beschäftigt.

Kleine Nachtflitzer im Finkenmoor

Viele spannende Fragen müssen zum Thema „Fledermaus" von den Kindern auf einer Beobachtungstour im Finkenmoor geklärt werden: Warum schlafen eigentlich Fledermäuse falsch herum? Fledermäuse sind die einzigen Säugetiere, die fliegen können. Aber das machen sie ganz anders als Vögel. Im Grunde haben sie auch keine Flügel, sondern eine Flughaut. Da sie zu schwach sind, um auf ihren Beinen stehen zu können, haben sie auch nicht die Möglichkeit, sich wie ein Vogel vom Boden aus in die Lüfte zu schwingen. So hängen die Fledermäuse also mit ihren Füßen an Ästen oder Mauervorsprüngen, lassen sich fallen und breiten dann ihre Flughäute aus, um zu fliegen. Ein anderer Grund, warum Fledermäuse hoch oben schlafen: So sind sie am besten vor ihren Feinden, den kleineren Raubtieren, geschützt.
Regelmäßig werden Fledermaus-Touren in der wärmeren Jahreszeit zum Finkenmoor im Wernerwald angeboten. Das Finkenmoor ist sehr idyllisch mitten im Wald gelegen: Ein romantischer Teich, auf dem im Sommer die Seerosen blühen, umgeben von mächti-

Das Finkenmoor sieht manchmal sehr geheimnisvoll aus.

gen Laub- und Nadelbäumen. Man würde kaum ahnen, dass sich nur wenige hundert Meter entfernt der Blick weitet zum Wattenmeer. Tagsüber kommen hier viele Spaziergänger vorbei. Doch mit Anbruch der Dämmerung ist das Finkenmoor ein Eldorado für Fledermäuse.

Schon huschen die kleinen Flitzer über den Köpfen der Gruppe vorbei. Sie sind Akrobaten des Fluges. Da sie quasi mit den Ohren sehen und Ultraschallwellen wie mit einem Echolot wahrnehmen, navigieren die Fledermäuse geschickt über dem ganzen Finkenmoor.

Mit einem Ortungsgerät kann man die kleinen Säugetiere aufspüren. Das Gerät macht dumpf schlagende Klopftöne, wenn es eine Fledermaus aufspürt. Dabei nimmt es die Schallwellen auf und setzt diese in Klopfgeräusche um. Immer mehr Töne erschallen aus den verschiedenen Geräten. Zwergfledermäuse fliegen als winzige schwarze Schatten vorbei. Sie sind so klein, dass sie mühelos auf einer Streichholzschachtel landen könnten. Direkt über der Wasseroberfläche hasten Wasserfledermäuse hin und her. Sie suchen nach Insekten, vorzugsweise Mücken und Mückenlarven, die für sie eine Delikatesse sind.
In China sind Fledermäuse Glücksbringer. Sie symbolisieren ein langes Leben sowie Gesundheit und Reichtum. In Europa jedoch sind sie leider negativ besetzt und werden häufig mit Vampiren in Verbindung gebracht.
Heute gehören die Fledermäuse zu den bedrohten Tierarten. Sie sind im Grunde sehr gesellige und soziale Tiere, die am liebsten in größeren Kolonien eng zusammenleben. So verbringen sie auch den Tag, bevor sie nachts auf Nahrungssuche gehen.
Im Finkenmoor herrscht nun reges Treiben. Immer wieder segeln die kleinen Winzlinge über die Köpfe der Gruppe hinweg. Der Detektor knattert und übersetzt so die für uns lautlosen Rufe der Fledermäuse in hörbare Frequenzen. Allerdings dauert das Schauspiel nicht sehr lange. Nach einer guten Stunde wird es ruhiger. Das Abendessen für die Fledermäuse ist erst einmal vorbei und die Tiere gönnen sich eine Ruhepause.
Doch plötzlich steigt ein großer dunkler Schatten über dem Finkenmoor auf. „Eine riesige Fledermaus“, ruft ein kleiner Junge aufgeregt. Als dann der Mond die Dunkelheit erhellt, erkennt man: Es war gar keine Fledermaus in Übergröße – eine Ente war aufgeflattert.

Explosion im Minendepot

Direkt hinter den Bahngleisen in Groden beginnen die Erinnerungen an eine fast vergessene Zeit: Das Minendepot wurde 1908 an einer noch sehr verlassenen Stelle Cuxhavens gebaut und zum Teil noch bis in die 1990er-Jahre genutzt. Es bestand aus mehreren Gebäudekomplexen wie Betriebs- und Verwaltungsgebäuden sowie aus Kampfmittellagern oder Einrichtungen zur Fertigstellung von Sprengwaffen. In einer Torpedohalle wurden die Waffen geprüft. Das vorherige Minendepot am Schleusenpriel war mit seiner Kapazität ausgeschöpft und konnte nicht mehr erweitert werden. So bot sich das Gelände südlich des Amerikahafens weitab von jeglicher Bebauung an.

Im Ersten Weltkrieg wurde die Elbmündung mit den hier gefertigten Sprengwaffen vermint. Obwohl das Gelände nur ca. zwei Quadratkilometer umfasst, stehen die Gebäude sehr eng beieinander. Viele sind noch gut erhalten oder werden heute teilweise von Firmen genutzt. Trotzdem erfasst einen ein beklemmendes Gefühl, wenn man über das Gelände läuft. Hinter einem bewaldeten Hügel befinden sich Reihen von Lagerbunkern, die früher in sich abgeschlossen waren. Düstere Betonreihen durchziehen den kleinen Wald. Betritt man einen solchen Bunker, stößt man auf Unrat oder verwitternde Wände.

Man kann sich vorstellen, wie geschäftig das Treiben gewesen sein muss, als schwimmende Verbände während des Ersten Weltkrieges mit Minenlegern, Minensuchern und Torpedobooten im Hafen anlegten, um bestückt zu werden.

Nach dem Ersten Weltkrieg wurden die Kampfmittel entschärft. Dabei ereignete sich am 11. Juli 1922 ein Unglück. Bei Munitionsversuchen explodierten Sprengmittel – die riesige Rauchwolke war mehrere Kilometer weit zu sehen. Durch die viel zu enge Bauweise wurde die Explosion noch verstärkt. Sieben Menschen kamen ums Leben. Es gab 13 Schwerverletzte, 14 wurden leicht verletzt. Die Umgebung war ein Trümmerhaufen. Drei Häuser brannten komplett ab und 150 vorwiegend Privathäuser oder Höfe wurden beschädigt. Bedenkt man, dass die nächsten Häuser weiter entfernt lagen, kann man sich die Wucht der Explosion vorstellen. Sogar die Grodener Kirche wur-

Die verfallenen Minendepot-Anlagen in Groden.

de in Mitleidenschaft gezogen. Auf dem Friedhof in Ritzebüttel erinnert eine Gedenktafel an die Opfer des Unglücks. Das Minendepot wurde nach diesem schrecklichen Vorfall nach Stade-Grauerort verlegt.
Erst 1937 wurde das Depot in Groden als Marinesperrwaffenarsenal reaktiviert. Wieder wurden hier Seeminen gelagert. Nach dem Krieg nutzten die Alliierten unter britischer Verwaltung das Arsenal zur Minenräumung der Elbe. Bis in die 1990er-Jahre stand das Gelände schließlich unter der Verwaltung der Bundesmarine, diente jedoch lediglich als Ersatzteil- bzw. Materiallager.
Geht man heute die breite Straße zwischen den verlassen wirkenden Bauten entlang, kommen die Erinnerungen an die militärische Nutzung wieder auf: Häufig sind schwere Gitter an den Fenstern angebracht, die verschiedenen Gebäude wirken unheimlich. Die Gegend erscheint trotz einiger hier ansässiger Firmen eher still. Manche der hohen Bäume haben hier schon viel gesehen. Von einem Haus ist nur noch der Keller erhalten und die Lagerbunker wirken wie aus einer anderen Zeit.
Ein Fitnessstudio hatte den Ort für kurze Zeit belebt, bevor es wieder geschlossen wurde. Gegenüber den Magazingebäuden ist heute ein Hundeverein untergebracht. Ein einzelnes Auto fährt die breite leere Straße entlang, deren Nebenstraßen mit alten Betonplatten versehen sind. Es hält an. Ein Mann steigt aus, öffnet den Kofferraum, holt etwas heraus. Der Kofferraum bleibt offen und der Mann verschwindet über den Hügel Richtung Lagerbunker. Plötzlich ein Knall! Man zuckt unwillkürlich zusammen. Rauch liegt in der Luft. Man befürchtet Schlimmes. Doch da kommt eine Familie den Weg entlang. Sie haben für Silvester schon einmal Böller auf dem Gelände ausprobiert. Wie schön, dass Silvester ist …

Ein sandiges Schiffsgrab

Niemand weiß genau, wie viele Boote und Schiffe als Wracks in der Elbmündung vor Cuxhaven liegen: Es sind sicher hunderte und damit einer der größten Schiffsfriedhöfe der Welt. Immer wieder fahren Wracksuchschiffe vorbei, um mögliche Bewegungen festzustellen. Es könnte sein, dass sie durch die Strömung in die Fahrrinne getrieben werden und dort eine Gefahr für vorbeifahrende Schiffe darstellen. Mindestens 2000 Wracks liegen im Bereich der Nordseeküste. In der Elbmündung finden sich jedoch die meisten. Dies ist nicht verwunderlich, denn besonders heftige Stürme und vor allem die gefährlichen Sandbänke wie der „Große Vogelsand", der sich immer wieder durch die Gezeiten und die Strömung verändert, machen das Gebiet oft unberechenbar. Jedes Wrack erzählt eine eigene Geschichte. Doch die aufgelaufenen Schiffe an den Sandbänken, die teilweise heute bei Ebbe noch zu sehen sind, verbreiten einen ganz besonderen Schrecken.

Der Große Vogelsand ist keine feste Sandbank, wie man sie sich vorstellt, denn normalerweise bestehen Sandbänke aus verschieden gekörntem Sand und sind dadurch relativ stabil. Der Große Vogelsand besteht jedoch aus Mahlsand mit gleich großer Körnung, wodurch mehr Wasser in die Zwischenräume eindringen kann. Dadurch wird die Sandbank instabil und wirkt wie eine Art Wanderdüne unter Wasser. Wenn dort ein Schiff auf Grund läuft, kann es sich kaum selbst wieder befreien oder geborgen werden. Es wird oft immer weiter in den Mahlsand hinabgezogen und zerbricht schließlich.

So war es 1930 der „Luise Leonhardt" ergangen. In einer stürmischen Nacht am 23. November fuhr der Frachtdampfer von Hamburg kommend in Richtung Portland. Die Seewetterberichte sprachen von einer Sturmwarnung. Der Wind nahm beständig zu. Die „Luise Leonhardt“ lief gegen 5.00 Uhr aus dem Hafen in Hamburg aus, kam dort kurz durch Manöver auf Grund, wurde jedoch wieder ohne Schäden flott gemacht und setzte mit einem Lotsen an Bord die Fahrt fort. Doch der Sturm wurde immer stärker. Als das Frachtschiff Brunsbüttelkoog gegen 11.50 Uhr passierte, lagen dort schon einige Schiffe vor Anker, denen der Sturm zu gefährlich geworden war. Der Frachtdampfer verlangsamte seine Fahrt und passierte gegen 16.30 Uhr Cuxhaven. Mittlerweile hatte sich der Sturm zu einem Orkan entwickelt. Wellen peitschten und Hagel prasselte auf das Schiff. Der Lotse äußerte Bedenken vor der weiteren Fahrt. Kapitän Hoffmann ignorierte jedoch die Warnung. Auf Höhe des Feuerschiffes Elbe 3, ganz in der Nähe von Cuxhaven, war die Arbeit des Lotsen getan, und er wurde vom Lotsendampfer abgeholt. Noch einmal warnte er Kapitän Hoffmann vor einer Weiterfahrt, der Orkan sei zu gefährlich, die Wellen zu stark. Der Kapitän entschied sich dennoch zur Weiterfahrt, war sich seiner Sache sicher.

Der Blick in Richtung Sandbank, auf der bereits einige Schiffe gesunken sind.

Gegen 19.50 Uhr erreichte das Schifffahrtsamt Cuxhaven dann folgender Notruf: „SOS, SOS, SOS, Luise Leonhardt an Leona Hamburg. Ruderkettenbruch, größte Lebensgefahr, Elbe 1. Hoffmann.“

Wenn die Ruderkette bricht, ist ein Schiff nicht mehr manövrierfähig und treibt wie ein Korken auf dem Wasser, ist dem Sturm und den Wellen hilflos ausgeliefert.

Um 19.54 Uhr lief der Bergungsschlepper „Hermes“ aus, um zum havarierten Schiff zu gelangen.

Bereits um 20.05 Uhr funkte der Kapitän: „An Leona Hamburg. Ankerkettenbruch, Schiff hat Grundberührung. Hoffmann.“

Der Bergungsschlepper war auf dem Weg, kam im Sturm jedoch nicht so schnell wie gewöhnlich voran. Immer wieder wurde die Hermes von Wellen überrollt, setzte jedoch unbeirrt ihre Fahrt fort, um der Luise Leonhardt zu helfen.

Gegen 20.20 Uhr fragte der Funker den Bergungsschlepper: „Wie weit noch?“ Man merkte, dass die Lage mehr als bedrohlich war. Der Funker drängte zur Eile. Die Hermes antwortete: „Haben Elbe 4 passiert.“

Gegen 21.00 Uhr passierte die Hermes das Feuerschiff Elbe 3. Je weiter draußen die Feuerschiffe liegen, desto niedriger werden ihre Nummern. Die Elbe 1 liegt demnach an der am weitesten entfernten Position in der Elbmündung vor Cuxhaven. Dort gab Luise Leonhardt ihre Position an.

Um 21.20 Uhr setzte der Funker folgenden Funkspruch ab: „An Piper Otterbecksallee 3 – Hamburg. Ruderkettenbruch bei Elbe 1. Backbordankerkette gebrochen. Schiff treibt auf Sandgründe. Größte Gefahr, beide Rettungsboote zerschlagen. Steuerbordanker hält noch, dauernde Grundsee. Rudergeschirr völlig unbrauchbar. Schlepper Hermes unterwegs. Hoffmann.“

Die Hermes passierte um 21.36 Uhr das Feuerschiff Elbe 2 und

fragte nach der genauen Position. Der Funker antwortet: „Position Westspitze Vogelsand nach Peilung."
Um 21.50 Uhr kam ein ergänzender und letzter Funkspruch: „Wir brennen Blaufeuer ab." Dies ist ein Signalfeuer, das anderen Schiffen die Position sichtbar macht.
Die Hermes sah gegen 22.00 Uhr das Signal und arbeitet sich an die Luise Leonhardt heran. Das Schiff wurde jedoch von den verschiedenen Strömungen und Grundseen im Bereich der Sandbank so mitgenommen, dass es nicht weiter fahren konnte, ohne das Schiff oder die Mannschaft zu gefährden. So musste der Kapitän der Hermes die Rettungsaktion abbrechen. Über Funk rief er das Cuxhavener Rettungsboot der Deutschen Gesellschaft zur Rettung Schiffbrüchiger.
Der Kontakt zur Luise Leonhardt war abgebrochen. Gegen 22.30 Uhr sahen die Wachen auf der Elbe 1, dass nochmals zwei Rotfeuer abgebrannt wurden. Auch von der Elbe 2 sollte ein Rettungsboot ablegen. Durch den Orkan war dies jedoch unmöglich. Kein Rettungsboot kam bei dem Sturm weiter. Der Bergungsschlepper Hermes war bis Mitternacht in der Nähe der Luise Leonhardt geblieben, konnte jedoch nicht herankommen. Schließlich suchte er Schutz bei der Elbe 3. Erst gegen 7.00 Uhr, nachdem der Sturm etwas abgeflaut war, konnte sich das Rettungsboot dem Wrack nähern.
Die Luise Leonhardt war zerbrochen. Es ragte nur noch das Maschinenhaus mit zwei Ventilatoren aus dem Wasser. Schornstein, Masten oder andere Aufbauten waren weggerissen und vom Wasser fortgespült worden. Es gab kein Leben mehr auf dem Schiff. Der Bergungsschlepper Hermes musste wieder umkehren. Von den 30 Männern, die als Besatzung auf der Luise Leonhardt waren, hat niemand überlebt.
Erst Tage später wurden die Leichen von Kapitän Hoffmann, des

Heizers Johannes Kaiser und des Messejungen Waldemar Kahl in der Elbe gefunden und geborgen. Die anderen Besatzungsmitglieder blieben verschwunden. Das Wrack wurde nicht geborgen, es liegt heute unter Sand begraben – unter dem Vogelsand.

1961 lief hier die „Ondo“, ein Stückgutfrachter, auf Grund. Im Sturm konnten die erforderlichen Lotsen nicht an Bord genommen werden. Das kleine Lotsenboot kenterte. Daraufhin stoppte die Ondo die Motoren und drehte bei, damit das Lotsenboot nicht in den Sog der Schiffsschraube geriet. Ohne die Arbeit der Motoren wurde die Ondo jedoch vom Sturm auf die Sandbank gedrückt, wo sie sofort auflief. Das Schiff konnte aus dem Mahlsand nicht mehr geborgen werden. Die Besatzung von 65 Seeleuten konnte jedoch glücklicherweise gerettet werden, ebenso Teile der Ladung, die aus Kakaobohnen bestand. Noch heute sind bei Ebbe Reste der Ondo zu sehen.

Ein Jahr später lief der italienische Liberty-Frachter „Fides“ in der Nähe der Ondo auf Grund. Der Kapitän hatte eine alte Seekarte benutzt, auf der nicht die Tonnen eingezeichnet waren. Alle Bergungsversuche scheiterten. Die Fides zerbrach schließlich in zwei Teile.

So liegen die Ondo und die Fides als Wracks nahe beieinander und sind für viele Touristen eine gruselige Attraktionen, was in Hamburg zur Forderung nach einer Sprengung führte. Der Mast der Fides ragte noch bis 2007 aus der Elbe.

Die Unterelbe Richtung Hamburg bzw. die Einfahrt in den Nord-Ostsee-Kanal gehört zu den mit 80.000 Schiffen im Jahr meist befahrendsten Schifffahrtsstraßen der Welt. Nicht die Sandbänke, die jenseits der ausgebaggerten Fahrrinne liegen, sind hier die eigentliche Gefahr, sondern die starke Frequenz. Zum Glück geht aber durch moderne Systeme und die hervorragende Arbeit der Lotsen meistens alles gut.

Ein Künstlerleben in den Mühlen der Bürokratie

Sind nicht viele Künstler verkannt? Und haben nicht ebenso viele versucht, als Künstler einen Platz in der Gesellschaft zu erlangen? Wie schwierig das ist und wie anstrengend bürokratisch ein Künstlerleben sein kann, zeigt das Beispiel des fast vergessenen Conrad Klemke. Eigentlich müsste sein Name einen größeren Bekanntheitsgrad haben, denn er erschuf das großartige Modell des Schlosses Ritzebüttel.

Ursprünglich war Conrad Klemke Mechaniker, wurde 1891 in Mehldorf geboren und kam 1940 nach Cuxhaven. Hier ließ er sich im Einwohnermeldeverzeichnis als „Kunstmaler" eintragen. Das war auch damals schon ein eher außergewöhnlicher Beruf. Doch noch etwas anderes war an Klemkes Lebensstil besonders: Er wohnte zunächst auf einem ausgedienten Wasserfahrzeug am Schleusenpriel, das er in mühevoller Arbeit zu einem Wohnboot umgebaut hatte. Eigentlich hätte einem Künstlerleben nichts im Wege gestanden, wenn da nicht die Bürokratie gewesen wäre. Obwohl Klemke weder Unterstützung des Arbeitsamtes noch des Wohlfahrtsamtes bezog, geriet er immer wieder in Konflikte mit den Behörden. Bereits einige Jahre zuvor hatte das Arbeitsamt Klemke bescheinigt, dass er wohl nicht geneigt wäre, durch geregelte Arbeit seinen Lebensunterhalt zu verdienen. Es könne jedoch keine Zwangsmaßnahmen einsetzen, da er keine Fürsorge beanspruche.

Klemke muss also einen sehr individuellen Lebensstil gepflegt haben. Vielleicht war er gar nicht „arbeitsscheu", wie das Arbeitsamt meinte, sondern einfach Künstler, auf jeden Fall ein Lebenskünstler.

Während des Zweiten Weltkriegs wurde er vom Arbeitsamt im-

Schlossmodell von Conrad Klemke aus dem Jahr 1939.

mer wieder zur Arbeit herangezogen: Zunächst sollte er in seinem ursprünglichen Beruf des Mechanikers in einer Elektrofirma arbeiten. Seine Aufgabe lag in der Herstellung verschiedener Artikel. Dies langweilte ihn jedoch schnell, was zu seiner Entlassung führte. Als nächste Station sollte Klemke in einem Gartenbetrieb arbeiten. Vielleicht lag ihm diese Tätigkeit mehr? Doch auch dafür keimte kein Interesse auf, sodass er nun an eine dritte Firma vermittelt wurde. Vielleicht war es nicht ganz geschickt von ihm, direkt beim Vorstellungsgespräch zu betonen, dass er eigentlich keine Zeit zum Arbeiten habe, schon gar nicht ganztags, da er lieber das Heimatmuseum unterstützen wolle. Dieses war 1936 von dem Vorgeschichtsforscher Karl Waller im Logenhaus im Grünen Weg eingerichtet worden.
So scheiterte auch seine dritte Anstellung. Doch das Arbeitsamt blieb am Ball. So wurde Klemke nun beim Marineartillerie-Zeugamt verpflichtet, wo er bei der Munitionsfertigung helfen sollte.

Diesmal war es nicht Klemkes Unwille, der den Vorschlag des Arbeitsamtes zum Scheitern brachte, sondern seine Kriegsbeschädigung, die er im Ersten Weltkrieg erlitten hatte. Für Transportarbeiten oder das Tragen der schweren Munition war er nach den Angaben der marineärztlichen Untersuchung untauglich.
Niemand erkannte Klemkes eigentliches Talent oder seine Berufung. Die Kunst und damit verbunden auch die Heimatgeschichte waren seine Leidenschaft. Walter Höpcke, Leiter der kulturgeschichtlichen Abteilung des Heimatmuseums, hatte ihn bereits 1939 angeregt, ein Modell des Schlosses Ritzbüttel herzustellen. In liebevoller Arbeit über sechs Monate gelang dies Klemke so gut, dass er sogar mit einem Bericht im Cuxhavener Tageblatt erwähnt wurde. Das Modell in einer Größe von über einem Quadratmeter zeigt das Schloss im 18. Jahrhundert zur Zeit des Amtmannes Barthold Hinrich Brockes und wurde eine besondere Sehenswürdigkeit im Heimatmuseum.
Und schon bald wartete eine neue Aufgabe auf Klemke: Er sollte ein Modell des Grodener Marschenhofes anfertigen. Dieser stellte ein typisches Hadler Bauernhaus dar, das man als Beispiel der Blütezeit der Marschenhöfe zeigen wollte. Wieder betrug die Grundfläche der Arbeit fast einen Quadratmeter und wieder berichtete das Cuxhavener Tageblatt sehr anerkennend. Klemke hatte sich mit seinen Modellen in die Herzen der Menschen gearbeitet.
Doch das Arbeitsamt ließ ihn nicht in Ruhe. Im Gegenteil, es drohte und machte ihm unmissverständlich deutlich, die nächste zugewiesene Stellung unbedingt antreten zu müssen. Falls nicht, würde Mitteilung an die Gestapo gemacht.
Klemke geriet in Verzweiflung. Die Menschen hatten doch sein Talent erkannt und gelobt. Er liebte seine Arbeit als Erbauer von Modellen oder Zeichner von Grafiken. Auch hier besaß er Talent.

Gab es denn keine Tätigkeit, in die er seine Fähigkeiten einbringen könnte? Müsste er nun ein Leben führen, das ihm lediglich zugeordnet wurde? Angst kam in ihm auf. Als Rettung erschien ihm wieder einmal Walter Höpcke. Dieser hatte die Begabungen Klemkes erkannt und war beeindruckt von seinem handwerklichen und künstlerischen Geschick. So unterbreitete er dem Arbeitsamt den Vorschlag, dass man Klemke als Brandwächter im Heimatmuseum anstellen solle. Dem Antrag Höpckes wurde stattgegeben, natürlich mit der Auflage der gewissenhaften Erfüllung seiner Pflichten, der Klemke nur zu gerne zustimmte. Er bekam sogar ein kleines Zimmer im Heimatmuseum, das als Wach- und Schlafraum dienen sollte, schließlich aber zu seiner Unterkunft wurde.

So lebte er quasi im Heimatmuseum. Die Arbeit im Museum war sein Traum gewesen. Schließlich wurde Klemke dort sogar Konservator. Und auch eine weitere umfassende Aufgabe wurde ihm übertragen: Er sollte alle alten Häuser, die über 75 Jahre alt waren, vermessen und davon Skizzen anfertigen. Dies sollte als Grundlage für ein Modell von Alt-Cuxhaven werden. Wieder war Klemke eifrig am Werk. 1946 übernahm er ergänzend die Betreuung und die Überwachung der Exponate im Schloss Ritzebüttel. Auch Ankäufe für das Schloss durfte er durchführen. Klemke hatte sich einen Namen gemacht, und man bot ihm schließlich an, eine Unterkunft im Nebengebäude des Schlosses zu beziehen.

Vielleicht war sein Leben etwas einsam, doch hatte er seine Berufung nach langem Umweg gefunden. Er starb 1952 an Herzversagen. Seinen ganzen Nachlass überließ er aus Dankbarkeit Walter Höpcke.

Auch heute noch ist das Schlossmodell erhalten und kann im Schloss Ritzebüttel besichtigt werden.

Die Sturmflut 1962

Peer war 14 Jahre alt, als er eine Nacht erlebte, die er nie mehr vergessen würde – den 16. Februar 1962. Den ganzen Tag über hatte bereits ein Sturm getobt. Immer wieder gab es Böen mit Hagelschauern und Gewitter, die die Menschen fast vor sich hertrieben. Autos mussten anhalten, weil sie die Straße nicht mehr sehen konnten. Eigentlich war gerade Niedrigwasser, doch sogar bei Ebbe war der Wasserpegel jetzt schon so hoch wie bei Flut. Peer duckte sich auf der Straße vor den Hagelkörnern, lief so gut es ging an den Häuserwänden entlang und war froh, endlich die Haustür erreicht zu haben. Als er sie aufschloss, schlug der Sturm sie gegen die Flurwand. Fast wäre das Innenglas der Tür gesplittert. Nur mit Mühe konnte er sie wieder zudrücken. Tropfnass stapfte er erschöpft die Treppe zu der kleinen Wohnung hinauf, in der er mit seiner Mutter wohnte.

Das Sturmtief Vincinette hatte sich schnell zur Nordsee ausgebreitet. Zwei Wetterfronten prallten aufeinander, das Azoren-Hoch mit der Rückseitenkaltluft. So entstand ein Orkan mit Schneeschauern, Gewittern, Hagel und immer wieder extrem starken Böen, die über das Wasser und Land peitschten und bereits in Bremen mehrere Hausdächer einfach wegrissen hatte. Vor allem in Hamburg machten sich die Menschen Sorgen, da die Flut in den Hafen und damit auch in die Stadt drücken würde. Am Abend wurden bereits die Windstärken 9–10 sowie in Böen Windstärken 12 in Cuxhaven gemessen.

Um 19.00 Uhr gab die Wetterwarte eine Sturmflutwarnung heraus. Das Wasser stand bereits auf 7,30 m über Pegelnull. Um 19.35 Uhr, nachdem das Wasser um weitere 30 cm gestiegen war, wurde die Alarmstufe I für den Deichschutz ausgegeben.

Sturmflutmarke an der Deichseite.

Alle waren froh, dass die Elbe 3 sicher im Hafen war, da bereits am Vormittag die Ankerkette gerissen war.
Um 19.55 Uhr wurde die Bundeswehr in Alarmbereitschaft versetzt.
Peer hielt es nicht mehr zu Hause aus. Seine Mutter war noch nicht von der Arbeit zurück. Sie arbeitete als Bedienung in einem Restaurant am Deich. Ein Telefon besaßen sie nicht. Mit Gummistiefeln und Jacke drängte es ihn wieder hinaus in die Dunkelheit. Draußen peitschte ihm der Orkan entgegen. Ein Toben lag in der Luft, das einem Angst machen konnte. Peer stemmte sich mit aller Kraft dagegen. Er sah, wie das Wasser durch die Slippen in die Deichstraße lief – würde der Deich halten? Um 20.35 Uhr stand das Wasser bereits bei 8,80 m über dem Normalpegel. Die Einsatzleitung der Polizei kam zur Krisensitzung zusammen und rief die Alarmstufe II aus.
Draußen waren viele Menschen unterwegs, Sandsäcke wurden geschleppt. Einige Menschen wollten auch nur schauen, wie hoch das Wasser schon gestiegen ist. Peer versuchte zum Restaurant zu laufen, wo seine Mutter arbeitete. Die Straßen waren rutschig, und das Wasser bahnte sich seinen Weg. Lange würde man nicht mehr über die Deichstraße laufen können.
Es wurde immer bedrohlicher. Mittlerweile hatte man die Alarmstufe III ausgerufen – das bedeutet Gefahr eines Deichbruchs. Jetzt musste alles sehr schnell gehen. Viele Deichwachen und Helfer wurden gebraucht. Die Bundeswehr, das Technische Hilfswerk, die Polizei, die Feuerwehr und das Deutsche Rote Kreuz gingen auf ihre Positionen, um das Schlimmste abzuwenden: Deichrisse wurden geflickt, Menschen versuchten die Lecks mit ihrem Körper abzudichten, während andere dahinter Sandsäcke befestigten. Ein kleines Schlauchboot legte an, aus dem ein Helfer eine völlig durchnässte und erschöpfte Frau an

Land führte. Peer erschrak: Es war seine Mutter! Vor lauter Erleichterung fiel er ihr um den Hals. Seine Mutter strich ihm die nassen Haare aus der Stirn: „Das Wasser hatte das Restaurant schon fast eingekreist. Ich wollte schnell nach Hause laufen und stand plötzlich hüfthoch mitten in den Wellen. Zum Glück hat mich mein Retter in Sicherheit gebracht.“ Dankbar drückten Peer und seine Mutter dem Mann die Hand. Doch dieser musste schon wieder los – ein neuer Einsatz wartete.

Um 21.00 Uhr heulten die Sirenen, um anzukündigen, dass der Deich brechen könnte. Das Schleusentor konnte gerade noch geschlossen werden. Doch es dauerte nicht lange, bis das Wasser schon über den Deich schwappte.

Viele mit Sand beladene Lastwagen fuhren durch die Straßen. Immer wieder ertönte das Martinshorn der Polizei, Feuerwehr und Notärzte.

Peer und seine Mutter hatten das Haus erreicht. Im Radio ertönten Warnungen: „Deichbruchgefahr, alle Parterrewohnungen räumen.“ Peer klingelte bei den Nachbarn Sturm, um sie zu warnen, doch diese waren schon im Keller, um Konserven und Eingemachtes nach oben zu tragen. Peers Mutter stellte in der Wohnung Kerzen auf.

Der Katastrophenschutz war die ganze Nacht im Einsatz. Die Schleusentore mussten abgestützt werden, da sie von sich aus den Wassermassen nicht mehr standhielten. Das Wasser stand nur knapp unter der Oberkante der Tore. Die Deichstraße und die Schillerstraße standen bereits unter Wasser, an anderen Stellen lief das Wasser über den Deich. Einige Menschen flüchteten in die umliegenden, höher gelegenen Dörfer.

Schließlich fiel auch der elektronische Pegelanzeiger in Cuxhaven aus, der normalerweise Daten auch an das hydrografische Institut nach Hamburg liefert. Die Wassermassen waren einfach

zu stark. Später wurde per Hand mit einem Lattenpegel der Rekordpegelstand von 10,00 m über Normal gemessen.
Bald gab es keinen Nachschub von Sandsäcken mehr. Viele Menschen waren in die oberen Stockwerke der Häuser geflüchtet, um sich im Falle eines Deichbruchs zu schützen. Immer wieder gibt es Warndurchsagen im Radio. Das Wasser strömte weiter über den Deich in die Deichstraße und bahnte sich seinen Weg durch die Schillerstraße, den Alten Weg, bis zum Rathaus und zur Kasernenstraße. Auch in Richtung Bahnhof gelangte es bis zur Großen Hardewiek sowie in die Neufelder Straße, strömte dunkel in die Keller und stand an einigen Stellen über einen halben Meter hoch in den Straßen. Über 1000 Helfer waren in dieser Nacht im Einsatz.
Endlich kam die erlösende Meldung: Gegen 1.00 Uhr in der Nacht gab es Entwarnung. Das Wasser begann langsam zu sinken, der Sturm ließ etwas nach. Die Feuerwehr begann damit, die vollgelaufenen Keller auszupumpen. Jetzt erst konnte sich Peers Mutter etwas entspannen. Doch auch jetzt noch galt ihre Sorge den Menschen, die immer noch draußen waren. Hoffentlich war ihnen nichts passiert!
Auch wenn es nicht mehr stürmte und der Wasserstand sank, so zeigte sich doch am Tag danach das ganze Ausmaß der Katastrophe. Der Deich war an vielen Stellen schwer angeschlagen. Auf der Uferpromenade und an der Kugelbake sah es chaotisch aus. Schwere Betonplatten waren fortgespült worden. Die Wege zur Alten Liebe waren kaum mehr zu finden. Die Keller der großen Fischfirmen im Hafen waren überflutet worden, sodass Fisch und Marinaden nicht mehr genießbar waren. Sogar die Bahnhofsgleise waren überschwemmt worden. Auch in Sahlenburg war ein Deich gebrochen, sodass das Wasser weit in den Wernerwald gelaufen war.

Hätte der Sturm nur eine Stunde länger angedauert, wären mit ziemlicher Sicherheit auch die anderen Deiche gebrochen und es hätte für die Stadt eine Katastrophe gegeben. Jetzt wurden sie in aller Eile provisorisch geflickt und zum Schutz vor weiteren Sturmfluten in den nächsten Jahren deutlich erhöht, ebenso das Deichvorland.
Das ganz große Unglück traf in jener Nacht Hamburg. Vor allem Wilhelmsburg wurde von der Flut getroffen. 315 Menschen starben, 20.000 wurden obdachlos und 6000 Wohngebäude wurden zerstört.
Cuxhaven hatte also großes Glück im Unglück gehabt. Seit dieser Nacht hatte Peer nur noch einen Berufswunsch: Feuerwehrmann. Er wollte Menschen helfen und vor Schaden bewahren.

Schwerter im Fort Kugelbake

Zwei Männer üben sich im Schwertkampf. Die Waffen klirren. Obwohl der eine viel größer und stärker wirkt, kontert der andere durch seine Geschicklichkeit. Viele Menschen haben sich um den Kampfplatz versammelt und schauen interessiert zu. Immer wieder gibt es Rufe und Anfeuerungen. Schließlich gibt sich der Größere geschlagen, senkt sein Schwert, schaut auf die Armbanduhr und ruft „Zeit zum Mittagessen". Wie das? Waren wir nicht gerade noch im Mittelalter?
Doch ein bisschen schon. Das Mittelalterspektakel öffnet jedes Jahr im Sommer seine Türen im Fort Kugelbake. Dann können Besucher eine Vielzahl an mittelalterlichen Attraktionen erleben und in diese faszinierende Zeit eintauchen. Marktstände laden zum Verweilen ein, kredenzen mittelalterliche Gerichte nach Originalrezepten wie Rahmflecken, Stock- oder Knoblauchbrot, dazu Met oder Pihr an – eine einfache, aber gute Kost. An anderen Ständen bieten Händler lautstark handgefertigte Waren an. Besonders spannend ist es zu beobachten wie der Böttcher Fässer herstellt und schmirgelt, die Weberin am Spinnrad sitzt oder in der Silberschmiede Schmuck hergestellt wird. Jeder darf anfassen oder mitmachen. Höhepunkte sind natürlich die Ritterspiele. Die Besucher können die unglaubliche Schwere eines Schwertes kennenlernen oder sich im Bogenschießen und Axtwerfen üben.
Jan und Lukas, beide zehn Jahre alt, gefällt das Schießen mit der Armbrust besonders gut. Doch der Pfeil fliegt am Ziel vorbei durch ein Gitter in einen Gang des Fort Kugelbake. Beide rennen dem Pfeil hinterher. Das Gitter sieht aus wie ein Tor. Das Schloss gibt nach, und so lässt sich die Gittertür einen Spalt weit öffnen. Jan und Lukas machen sich ganz dünn, schlüpfen hindurch und stehen plötzlich in einem langen Gang.

Eigentlich ist das Fort Kugelbake ein stiller Ort, der direkt hinter dem Deich liegt, nur wenige Schritte von der Kugelbake entfernt. Heute sieht man im Wäldchen Hasen hoppeln oder hört aus dem Graben Frösche. Doch das war nicht immer so:

Das Fort Kugelbake entstand 1869. Fast zehn Jahre dauerte die Bauzeit an der Elbmündung. Mit der Fertigstellung des Nord-Ostsee-Kanals 1895 bekam das Fort als Schutz für die Region rund um die Elbemündung eine besondere Bedeutung. Feindlichen Schiffen sollte die Zufahrt in die Elbe versperrt werden. Von oben betrachtet gleicht seine Form einem Pentagon. Ringsherum wurde ein Wall errichtet und ein Graben gezogen. Zur Seeseite hin enthielten Geschützstellungen teilweise 14 Kanonen. 1891 wurde für den Materialtransport eine Schmalspurbahn als sogenannte Kanonenbahn gebaut. Es war die kürzeste Straßenbahn Deutschlands. Die verfallenen Schienen sind heute noch zu sehen. In den Festungswall selbst wurde 1911 ein fast zwei Meter großer Scheinwerfer eingebaut, der mit 5,5 km Reichweite der stärkste Scheinwerfer der Welt war. Im Innenbereich des Forts, durch den sich lange dunkle Gänge ziehen, war es bereits früher schon kalt und feucht. Während des Ersten Weltkriegs kam es jedoch zu keinen Gefechtshandlungen, so wurde das Fort später als Munitionslager genutzt. Ab 1920 lag das Fort Kugelbake nach Abzug der Bewaffnung brach. Zwischenzeitlich wurde sogar sein Abriss in Erwägung gezogen. Ab 1931 nutzte es dann jedoch wieder die Reichsmarine, ab 1939 wurde Marineflak stationiert. Obwohl einige wenige Flugzeuge abgeschossen wurden, kam es zu keinem Angriff auf ein Schiff, da Cuxhaven schließlich von der Landseite besetzt wurde.

Ab 1945 besetzten britische Truppen das Fort. Die neu gegründete German Mine Sweepers Association hatte zur Aufgabe, die Minensperren in der Nordsee zu räumen. So wurden auch die

Das Fort Kugelbake von der Seeseite.

betonierten Geschütze des Forts gesprengt. In den nächsten Jahren diente das Fort Kugelbake als Notunterkunft und auch als Jugendherberge. Einige Betriebe wurden sesshaft, bevor das Fort aufgegeben wurde. 1970 erwarb es die Stadt Cuxhaven. Immer wieder wurde es renoviert, um es für Veranstaltungen und als Bauwerk zu erhalten.

Jan und Lukas schauen sich in dem langen Gang um. Sie frösteln. Doch ein bisschen neugierig sind sie doch. Sie gehen den von dicken Mauern umgebenen Gang entlang, der bald nach links abzweigt. Immer weiter geht es. Nun werden verschiedene Räume sichtbar, die verfallen aussehen. Zwei große verrostete Kessel sind in einem zu sehen. „Das muss früher die Küche gewesen sein“, flüstert Jan. Er traut sich gar nicht, laut zu sprechen. Wieder macht der Gang eine Biegung. Beide Kinder schrecken zurück. In einem weiteren Raum ist das Munitionslager. Bomben sind hier gestapelt. Es sind nachgebildete Übungsfliegerbomben, die nicht gefährlich sind. Doch das wissen Jan und Lukas nicht. Sie schauen ängstlich fasziniert. „Dadurch sind viele Menschen umgekommen“, sagt Lukas halblaut. „Lass uns lieber gehen“, Jan zupft Lukas am Ärmel. Ein neuer Raum öffnet sich vor ihnen. Bis fast zur halben Höhe sehen die Wände deutlich verwittert aus. „Was war hier los?“ fragt Jan. Sie stehen rätselnd davor. „He, Jungs, da seid ihr ja“, ertönt plötzlich eine Stimme neben ihnen. Es ist der freundliche Fassbauer Martin, der ihnen gefolgt ist. „Da staunt ihr, was? Hier stand früher der größte Scheinwerfer im Bunker. Aber seitdem er abgebaut wurde, lief immer wieder Grundwasser in den Raum, das ziemlich hoch stand. Deshalb ist die Wand bis zu der Stelle so verwittert. Aber jetzt kommt, hier ist es für euch zu gefährlich, ihr habt hier nichts zu suchen.“ Martin schiebt beide Jungen vor sich her, die langen Gänge entlang. Richtige Gewölbe mit runden Bögen, alle komplett aus Ziegeln gebaut, tun sich vor ihnen auf.

Endlich haben sie das Gitter wieder erreicht und stehen draußen. Martin schließt es. Jetzt wird Jan doch wieder mutiger. „Weißt du, was man hier machen sollte?“ fragt er. Martin schüttelt den Kopf. „Eine echte Geisterbahn könnte man hier bauen, mit Geheimgängen und kleinen Waggons zum Durchfahren.“ „Du hast Ideen“, grinst Martin. Und schon sind alle drei wieder im bunten Treiben des Mittelalter-Spektakels. Lachen schallt durch die Luft. Und auch das gehört heute zum Fort Kugelbake.

Grausame Gerichtsverfahren

Nur wenig erinnert auf dem großen Areal in Sahlenburg daran, dass es sich hier um einen über 2000 Jahre alten Bestattungs- und Wehrplatz handelt: Der Galgenberg ist ursprünglich ein sechs Meter hohes Grabhügelfeld, das Gräber aus der Zeit des 5. Jahrhunderts vor Christus bis zum späten Mittelalter enthält. In archäologischen Grabungen wurden Urnen, Körpergräber, aber auch Haus- und Siedlungsreste gefunden. Bereits in der vorrömischen Eisenzeit vor Christus, in der römischen Kaiser- und Völkerwanderungszeit sowie auch im Mittelalter während der römischen Kaiserzeit im 3.–5. Jahrhundert nach Christus wurden hauptsächlich Urnen beigesetzt. Über 120 Funde in den Grabanlagen konnten bisher geborgen werden.

Karl Waller ist es maßgeblich zu verdanken, dass durch seine über 40-jährige Forschungsarbeit so viele archäologische Schätze entdeckt wurden. Spannend sind die Funde in den Körpergräbern. Als Beigaben fand man häufig Schmuck, aber auch Waffen oder Steigbügel sowie in einem Grab auch Riemen oder Gürtelschnallen aus Bronze. Sehr wahrscheinlich diente ihr Träger im römischen Militär und stand in dessen Diensten. Vielleicht war er nach seiner Entlassung wieder nach Sahlenburg zurückgekehrt, wo er dann später begraben wurde. Eine weitere Besonderheit ist, dass es auch Gräber für Pferde gibt, die ohne Sattel oder Zaumzeug beigesetzt wurden. In einem Grab findet sich sogar ein menschlicher Leichnam mit einem Pferd in der Nähe. Das Reitergrab ist reich ausgestattet mit Schwert, Zaumzeug und Steigbügeln. Vielleicht wurden hier Reiter und Pferd gemeinsam begraben. Die letzten Bestattungen am Galgenberg stammen aus dem 7. und 8. Jahrhundert.

Doch woher hat der Galgenberg eigentlich seinen Namen, wenn es sich doch vordergründig um ein Grabhügelfeld handelt? Im Mittelalter wurde der Grabhügel zu einer Art Burg ausgebaut. Man erhöhte ihn und umzog ihn mit einem Wall und Trockengraben. Oben wurde ein Holzturm errichtet. Erst vom 17. Jahrhundert bis zum 19. Jahrhundert wurde das Areal als Richtstätte benutzt. Und aus dem zuvor religiösen Ort wurde der Galgenberg. Die letzte Hinrichtung auf dem Galgenberg fand 1819 statt.

Der Oxstedter Bauer Peter Neuhaus war 1817 Augenzeuge von Hinrichtungen auf dem Galgenberg. Am 25. April 1817 wurden Johann Hinrich Köster und Johann Hinrich Lunden zum Tode verurteilt. Amtmann Abendroth änderte jedoch das Urteil folgendermaßen: „Daß der Kopf des Kösters nicht auf den Pfahl sollte geheftet werden und 2. Daß Köster davon befreyt sein sollte, die Hinrichtung des Lunden anzusehen."

Am 27. April wurden aus Hamburg Pfahl, Rad und Leiter zum Galgenberg gebracht, der zu diesem Zeitpunkt noch Koppelberg hieß. Am 28. April waren die Straßen von unzähligen Menschen gesäumt, als die beiden zum Tode Verurteilten auf einem Wagen von der Kavallerie zum Berg begleitet wurden. Da beide in Stickenbüttel wohnten, hatten sie die Gelegenheit bei der Durchfahrt durch den Ort, noch einmal kurz anzuhalten. Doch die Verurteilten wollten dies nicht. Von Stickenbüttel war es nur noch ein kurzer Weg bis zum Galgenberg.

Während die Infanterie vorausmarschiert war und oben auf dem Berg einen Kreis bildete, waren Köster und Luden bereits zuvor von zwei Geistlichen auf den Tod vorbereitet worden.

Gegen 11.00 Uhr wurde vom Scharfrichter zunächst Lunden enthauptet. Das Volk schrie dabei laut „Hurra". Anschließend wurde Köster enthauptet und sein Rumpf zur Abschreckung auf das Rad gebunden. Nach zwei Tagen war jedoch sein Leichnam

Der Galgenberg in Sahlenburg.

verschwunden und niemand wusste, was mit ihm geschehen war. Beide Köpfe und auch Lundens Rumpf wurden auf dem Galgenberg in ein ausgehobenes Loch gelegt und verscharrt. Für die vielen Menschen war die Hinrichtung ein besonderes Ereignis. Danach wurden dann die Offiziere zu einer Mahlzeit mit dem Scharfrichter, seiner Frau und dessen kleinen Sohn in Ritzebüttel eingeladen.

Die Sitten waren nicht nur grob, sondern manchmal auch quälerisch. So schlug bei einer anderen Hinrichtung der Scharfrichter mit dem Schwert daneben. Ein anderer Verurteilter saß bereits auf dem Stuhl als ihm die Augen verbunden wurden. Der Scharfrichter holte mit dem Schwert aus, „aber wegen seinem überall zitternden Körper diesen in der Kinnlade der Backe führte, gleich darauf den zweiten Schwerdtstreich versetzte, welcher zwar den Hals traf, aber doch noch nicht den Kopf vom Körper trennte.“ Schließlich musste ein Halbmeister den Kopf endgültig abtrennen.

Nicht weniger brutal ging es auch in Cadenberge zu. Steffens hatte einen gemeinschaftlichen Raub auf einem Schiff begangen und wurde dafür zum Tode verurteilt. Ein weiterer Raub wurde ihm nachgesagt, den er jedoch abstritt. Um ihm zu einem Geständnis auch für den zweiten Raub zu zwingen, wurde er mit Daumenschrauben und anderen Torturen fast eine Stunde lang gefoltert. Sein Geständnis des zweiten Raubes erzwang man so nicht. Man fragt sich, welchen Sinn diese Folter hatte, da er bereits zum Tode verurteilt war. Steffens wurde 1778 in Cadenberge am Galgen erhängt. Dort hing er schließlich vier Jahre lang, bis sein Gerippe zu Boden fiel.

Die Menschen sahen sich zwar gern Hinrichtungen an, achteten jedoch darauf, dass sie nichts mit den Henkern zu tun hatten. Wer auch nur einen Galgen berührte oder sich sogar unwissentlich mit einem Henker traf, wurde aus der Gesellschaft ausgeschlossen. Doch wer wollte diese Tätigkeiten dann überhaupt ausüben? 1770 musste der Galgen erneuert werden, doch kein Handwerker wollte diese Arbeit übernehmen. So musste der Amtmann selbst zur Axt greifen und das erste Holz für den Galgen schlagen. Erst danach machten sich die Handwerker ans Werk. Schlimm erging es einem arbeitswilligen und fleißigen Bauernsohn, der aus Versehen mit einem Henkersknecht im Wirtshaus zusammengesessen hatte. Der Bauernsohn wurde vertrieben und musste ein Jahr im Moor leben und sich von Wurzeln und anderen Pflanzen ernähren. Völlig verwahrlost holte ihn dann jedoch Amtmann Abendroth wieder in die Gemeinschaft zurück und schwenkte in einer öffentlichen Zeremonie eine Fahne über ihm, sodass er wieder ein normales Leben führen konnte.

Heute ist der Galgenberg nur noch in den Erinnerungen bedrohlich. Der kleine Pfad dorthin ist fast zugewachsen und es gibt immer wieder die Forderung, dass dieser Ort wieder in das Bewusstsein gerückt wird. Vielleicht nicht nur als Galgenberg, sondern vor allem als Stätte der Achtsamkeit vor dem Schicksal der Menschen, die seit über 2000 Jahren an diesem Ort ihre letzte Ruhe gefunden haben.

Die Seebestattung als letzter Gruß

Dies war der Wunsch von Neil Armstrong, Edmund Hilary oder Alfred Hitchcock: eine See-Bestattung. Auch für Karl kam nur diese Möglichkeit in Betracht. Seit 16 Jahren hatten er und seine Frau nach dem Beginn seiner Rente in Cuxhaven gelebt. Es war immer ihr gemeinsamer Traum gewesen, an der Nordsee ihren Lebensabend zu verbringen. Sie hatten die Sonnenuntergänge am Strand genossen, saßen oft an der Alten Liebe, schauten die großen Pötte an und erfreuten sich an ihren Enkeln, wenn diese zu Besuch kamen. Dann wurden Sandburgen gebaut und Eis gegessen. Karl hatte sein Leben genossen, als er hochbetagt friedlich starb. Annelie war traurig und doch dachte sie vor allem an die glücklichen Momente zurück. Und so war es für sie auch selbstverständlich, dass Karl in seinem geliebten Meer seine letzte Ruhe finden sollte.

Doch wie läuft überhaupt eine See-Bestattung ab? Annelie informierte sich und war schnell der Überzeugung, dass dies genau richtig sein würde. Sie lud die engsten Verwandten und Freunde ein, sodass die kleine Trauergesellschaft nur aus zehn Personen bestand. Gemeinsam gingen sie an Bord des Schiffes. Statt der üblichen Holzbänke waren die Sitze weiß gepolstert. Es herrschte eine ruhige und fast angenehme Atmosphäre. Die Urne stand mit Blumen geschmückt auf einem schneeweißen Podest an der Reling des Schiffes. Nach einiger Zeit würde sie sich im Wasser auflösen und so die Asche in das Meer freigeben. Das war ein schöner und tröstlicher Gedanke, fand Annelie. Sie wusste, dass Karl dann immer bei ihr wäre, wenn sie an die Elbe gehen würde oder irgendwo am Strand saß und auf die See hinausblickte.

Kommen wir nicht alle aus dem Meer? Sachte legte der Kapitän seine Hand auf Annelies Schulter. Er hatte eine feierliche Uniform an. „Alles in Ordnung?“, fragte er. „Wir erreichen gleich die Position.“ Annelie nickte. Leise klassische Musik erklang. Wie seltsam sich das hier draußen anfühlte. Obwohl es schon Herbst war, fröstelte sie nicht. Ihre Schwester hielt ihre Hand. Wieder dachte Annelie an die schöne gemeinsame Zeit. Welch ein Glück, dass sie diese zusammen genießen durften. Langsam verringerte das Schiff seine Fahrt. Die endgültige Position wird auf einer Urkunde festgehalten und im Logbuch notiert. Nun hielt das Schiff an. Der Kapitän sprach einige sehr wohltuende Worte und auch Annelies Schwester erzählte wunderschöne Dinge aus Karls Leben. Doch Annelie hörte gar nicht richtig zu, sie blickte auf die Urne, die in der Sonne schimmerte. Sie war mit Sand beschwert, damit sie unterging. Das war etwas, was ihr gar nicht gut gefiel. Ihr lieber Karl so tief auf dem Meeres-

Im Meer die letzte Ruhe finden.

grund. Doch der Gedanke daran, dass sich die Urne auflöste, versöhnte sie wieder.
Nun nahm der Kapitän ein dickes Tau, einen Tampen, und ließ daran die Urne langsam ins Wasser gleiten. Dreimal erscholl das Horn des Schiffes. Fast schwerelos glitt die Urne in ihr Grab, das so weich und so schwerelos wirkte. Die Blumen lösten sich und schwammen nun auf dem Wasser. Die kleine Trauergesellschaft warf nun bunte Blütenblätter auf das ruhige Wasser. Annelie liefen ein paar Tränen über das Gesicht. „Leb wohl, Karl“, flüsterte sie. Und genau in diesem Moment ließ sich eine Möwe auf dem Wasser nieder und putzte ihr Gefieder. Vielleicht dachte sie, dass die Blütenblätter kleine Fische seien. Nun liefen wieder die Motoren des Schiffes. Es fuhr eine extra große Runde um die Stelle, an der die Urne versunken war.
Annelie atmete auf. Karl war in seinem Lieblingselement. Nun würde alles gut.

Die traurige Sage von der Alten Liebe

„Ist die ‚Alte Liebe' wirklich alt?", fragt Lena und lehnt ihren Kopf an Omas Schulter. Beide sitzen auf einer der schneeweißen Bänke an der Alten Liebe, der bekannten Aussichtsplattform, die Einheimische und Touristen immer wieder anzieht. Der Pfahlbau mit seinem schon von weitem weiß strahlenden Geländer bietet auf zwei Ebenen eine einmalige Aussicht auf die Elbmündung und die Kugelbake in der Ferne. Die „großen Pötte" fahren hier ganz dicht vorbei und es macht Spaß, dem Schiffsansagedienst zu lauschen, der die Schiffe kommentiert. Größe, Herkunft und Ziel kann man hier erfahren. Und mit über 30.000 vorbeifahrenden Schiffen pro Jahr ist die Alte Liebe ein höchst spannender Aussichtspunkt.

Oma holt aus ihrer Handtasche ein Bonbon für Lena. Gerade schiebt sich langsam und fast majestätisch ein Containerschiff vorbei. Es kommt aus Südamerika und hat bereits eine lange Reise hinter sich. Da es voll beladen ist, liegt es tief im Wasser. Die Wellen schäumen an den Seiten entlang. Von der anderen Seite gleitet ein Segelboot vorbei, vielleicht auf dem Weg nach Helgoland.

„Die Alte Liebe ist tatsächlich schon sehr alt", sagt Oma. „Vor fast 300 Jahren war die Alte Liebe eigentlich ein Schiffsanleger und sogar Wellenbrecher, damit das Land dahinter geschützt wird."

„Das ist aber wirklich eine lange Liebe", schmunzelt Lena. „Nicht ganz", erwidert Oma. „Etwa alle fünfzig Jahre muss die Plattform erneuert werden, sonst wird sie morsch. Einiges Holz wurde auch durch Beton ersetzt, damit es länger hält."

„Aber warum heißt die Alte Liebe so? Gab es wirklich mal ein besonderes Liebespaar?", möchte Lena wissen.

„Das ist und bleibt ein Geheimnis. Es gibt zwei Erklärungen, wie die Alte Liebe zu ihrem Namen kam und eine dritte ganz romantische Geschichte.“ Omas Blick schweift in die Ferne.

„Bitte erzähl, Oma“, bettelt Lena und schiebt sich genussvoll noch ein weiteres Bonbon in den Mund. Dann lehnt sie wieder den Kopf an Omas Schulter. Oma räuspert sich ein bisschen: „Damit das Land vor dem Wasser geschützt wurde, sind früher an genau dieser Stelle zwei kleinere ausgediente Schiffe versenkt worden. Ein drittes wurde davor gesetzt, das aus dem Wasser ragte. Dann wurden die Schiffsrümpfe mit Steinen aufgefüllt und Pfähle herum gesetzt, sodass ein Anleger entstand. Eines der drei Schiffe hieß ‚Liebe‘. Daher dann später also der Name ‚Alte Liebe‘.“

Lena schüttelt ein bisschen den Kopf. „So ganz romantisch hört sich das aber nicht an.“

Um die Alte Liebe ranken sich viele Geschichten.

„Es gibt noch eine andere Geschichte", erzählt Oma weiter. „Ein Schiff, das Olivia hieß, diente als Anleger. Die Schiffer nannten den Platz einfach Oliv."

„Wieso Olive? Konnte man die früher hier schon essen?"

Oma lacht: „Nein, doch nicht die essbaren Oliven. ‚Oliv' ist plattdeutsch und heißt übersetzt so etwas wie ‚Alte Liebe'. Daher also der Name. Aber so ganz genau weiß man das auch nicht mehr. Jedenfalls heißt diese Plattform bis heute die Alte Liebe, und eigentlich klingt der Name doch ganz romantisch."

Doch damit will sich Lena noch immer nicht zufriedengeben.

„Es gibt noch ein Geheimnis", flüstert Oma. Plötzlich ist Lena ganz wach. Eine Möwe hat sich auf dem weißen Geländer niedergelassen und blickt auf die Elbe hinaus. Sie wiegt ein bisschen den Kopf hin und her als würde sie auch dem Geheimnis lauschen wollen.

„Vor langer Zeit lebten hier Else und Lorenz. Sie waren die besten Freunde und spielten jeden Tag zusammen und als sie älter wurden ..."

„... verliebten sie sich", unterbrach Lena. „Ja, das stimmt", sagte Oma, „sie verliebten sich und wollten heiraten. Sie wollten ihr Leben teilen – das war ihr größter Wunsch. Doch es kam ganz anders. Ihre Eltern waren dagegen, da Lorenz erst einen sicheren Beruf haben und Geld verdienen sollte. So zerstritten sich beide Eltern immer mehr. Doch Else und Lorenz hielten fest zusammen. Wie gerne hätte Lorenz an Land einen Beruf ergriffen, um bei Else sein zu können. Doch der Beruf des Schiffers versprach bessere Aussichten. So fuhr Lorenz zur See und Else wartete immer lange, bis er wieder kam. Doch so sehr er sich auch anstrengte, das Geld reichte gerade, um sich und seine Mutter zu ernähren. Die Jahre vergingen und Else und Lorenz wurden älter. Fünfzehn Jahre wartete Else nun schon auf ihren geliebten Lorenz. Als die Mütter der beiden sahen, dass die Liebe nur immer stärker wurde, gaben sie schließlich ihre Einwilligung zur Heirat. Überglücklich fielen sich Else und Lorenz in die Arme. Doch schon bald musste Lorenz wieder zur See fahren. Else wartete ungeduldig auf seine Heimkehr, stand am Ufer und hielt Ausschau nach seinem Schiff. Viele Tage stand sie dort. Dann erschien es majestätisch in der Ferne. Sie erkannte vorne am Bug Lorenz, der ihr freudig zuwinkte. Doch plötzlich kam ein Sturm auf und Lorenz wurde von einer Welle vom Schiff gespült. Er verschwand in der wogenden See. In ihrer Verzweiflung stürzte sich Else ins Wasser und wollte Lorenz retten. Doch auch sie verschlangen die Wellen. Die Stelle ihrer Vereinigung nennt man darum ‚Alte Liebe'."

Die kleine Möwe, die die ganze Zeit gelauscht hatte, erhebt sich nun in die Luft, zieht einen Kreis über die Alte Liebe und verschwindet im Blau des Himmels. Eine weiße Feder gleitet herab und landet vor Lena auf dem Holzboden. Lena hebt sie vorsichtig auf. „Als Andenken an die Liebe", flüstert sie fast ehrfurchtsvoll. „Ja, ob alte Liebe oder junge Liebe. Die Liebe ist immer etwas ganz Besonderes, wenn ein Mensch sie erleben darf", sagt Oma. Dann nehmen sich Lena und Oma an der Hand und schauen noch lange auf das Meer hinaus.

Die Urlauberkapelle auch für dunkle Zeiten

Während in vielen Kirchenkreisen aufgrund sinkender Mitgliederzahlen und weniger Besucher die Gemeinden zusammengeschlossen werden, passiert in Duhnen das genaue Gegenteil: Die Kapelle am Dohrmannplatz soll erweitert werden, weil der Platz einfach nicht ausreicht. Das ist eine Besonderheit, auf die Urlauberpastorin Maike Selmayr auch ein bisschen stolz ist. Eine Urlauberpastorin und eine Urlauberkapelle? Was ist das? Auf einem Rundgang erklärt Maike Selmayr das kleine Gotteshaus.

Eigentlich war es einmal ein Stall, Kühe oder Pferde standen hier noch vor fast 150 Jahren. In der dunklen Jahreszeit wirkt der Raum schlicht, aber irgendwie gemütlich durch die niedrigen Stallfenster und die alten Holzbalken. Da fast keine Bilder an den Wänden zu finden sind, ist der ehemalige Stallcharakter noch deutlich spürbar. „An Weihnachten ist hier eine ganz besondere Atmosphäre spürbar", erklärt Maike Selmayr, „denn auch Jesus wurde in einem Stall geboren." Wenn in der dunklen Kapelle dann die Lichter brennen, wird die Weihnachtsbotschaft besonders deutlich. Jeden Tag ist die Kapelle tagsüber offen. An Silvester ist sie bis weit nach Mitternacht geöffnet. Viele Menschen nehmen das Angebot wahr und zünden um Mitternacht Kerzen an, die sie auf ein hölzernes Schiff in der Kapelle stellen. Licht und Dunkelheit spielen eine tragende Rolle.

Der frühere Diekmannsche Hof, der um 1860 erbaut wurde, erhielt nach dem Kauf 1952 von der Kirchengemeinde St. Gertrud in Döse seine Bestimmung als kirchliches Zentrum in Duhnen. Bis 1993 hatte hier auch der Kindergarten sein Domizil. Nach dessen Umzug ist nun im hinteren Teil des Bauernhauses ein ehrenamtlich geführter Eine-Welt-Laden untergebracht, der

neben fair gehandeltem Kaffee und Tee auch Lederwaren, Taschen oder Deko-Artikel anbietet.
Seit 1971 dient die Kapelle auch als Zentrum der Urlauberseelsorge, die im Jahr 2020 erstaunliche Zahlen aufweist: Mit über 600 Veranstaltungen im Jahr sind die Aktivitäten in der kleinen Urlauberkapelle beeindruckend. Fast jeden Tag gibt es ein Programm: Gottesdienste, Lesungen, Musikabende, gemeinsame Gespräche oder die beliebten Gute-Nacht-Geschichten für Klein und Groß sind nur ein Teil der vielfältigen Möglichkeiten. Und immer wieder möchten die Menschen Lichter in der Dunkelheit anzünden. 25 000 Teelichter werden im Jahr auf das Kerzenschiff vorne im Altarraum gestellt.
2005 erhielt die Kapelle sogar einen Glockenturm mit einer fast 500 kg wiegenden Glocke. Im kleinen Raum in der Kapelle finden normalerweise 70 Menschen Platz, doch oft sind es viel mehr und an hohen Festtagen bis maximal 150. Und so wird auch reichlich gespendet – über 77 000 Euro im Jahr 2019. Maike Selmayr freut sich über die Wertschätzung, die die Angebote in der Kapelle erfahren. So kann nun der Raum vergrößert werden. Doch viel wichtiger sind ihr die menschlichen Begegnungen. „Gerade Urlauber nutzen das Gespräch, das oft sehr intensiv ist und große Nähe hat“, erzählt Maike Selmayr. Da sich die Urlauber nur eine befristete Zeit in Duhnen aufhalten, ist einerseits die Begegnung anonymer als in einer Gemeinde zu Hause, andererseits ermöglichen diese kurzzeitigen Begegnungen eine besondere Offenheit, da man keine Angst haben muss, sich irgendwo im Supermarkt wieder zu begegnen.
Auch die Urlauberpastorin selbst hat einen außergewöhnlichen Hintergrund: Eigentlich studierte sie Betriebswirtschaft und Tourismusmanagement und ist diplomierte Kauffrau. Ihr Interesse galt jedoch schon immer dem Glauben, sodass sie anschlie-

ßend Theologie studierte. Doch sie strebte keine Stelle in einer Gemeinde an, sondern wollte neue Wege erkunden. So war sie Deutschlands erste evangelische Pilgerpastorin im Kloster Loccum. Für die Pilger entwickelte sie geistlich geführte Wanderungen auf dem 300 km langen Pilgerweg vom Kloster Loccum zum Kloster Volkenroda. Auch wenn sie sich in den dunklen Klostermauern wohlfühlte, so zog es sie doch immer wieder ans Meer. Seit 2013 ist sie nun mit einer dreiviertel Stelle Urlauberpastorin im Kirchenkreis Cuxhaven-Hadeln und einer Viertelstelle Pastorin in der Martinsgemeinde Cuxhaven-Ritzebüttel.

„Im Urlaub kommen viele Themen hoch, die im Alltag oft keinen Platz finden", sagt Maike Selmayr. Das können Beziehungsfragen sein, Trauer, aber auch Probleme mit den Kindern. Viele Jahre begleitete ein Junge seine Eltern nach Duhnen in den Urlaub. Als er größer wurde, bekam er nicht nur Mobbing in seiner Schulklasse zu spüren, sondern fühlte sich auch in seinem Heimatort im Konfirmandenunterricht nicht wohl. Da er die Urlauberpastorin schon einige Jahre kannte, vertraute er sich ihr an. Im gemeinsamen Gespräch fanden sie heraus, dass ein Schulwechsel und sogar ein Wechsel der Konfirmandengruppe möglich und sinnvoll seien. Beim nächsten Urlaub traf sie einen Jugendlichen, der seine Lebensfreude wiedergefunden hatte.

Mit Trauer und Kummer fahren viele Urlauber nach Duhnen. Manchmal sind es nicht nur die schönsten Wochen, sondern auch der Verlust eines geliebten Menschen, mit dem man jahrelang die Ferienzeit verbrachte und der nun nicht mehr da ist. Gerade ältere Menschen erleben den so herbeigesehnten Wechsel in den Ruhestand anfangs sogar als belastend. Auch sie finden den Weg in die Urlauberkapelle, in der alle Konfessionen willkommen sind, natürlich auch Menschen, die keiner Kirche zugehören und einfach nur mit jemandem sprechen wollen.

Die Urlauberkapelle in Duhnen.

Urlauberpastorin – das hört sich nach Sommer, Sonne und Strand an. Was macht aber eigentlich eine Urlauberpastorin in der dunklen Jahreszeit, wenn nicht so viele Gäste da sind? Auch im Winter gibt es ein fast tägliches Programm, das zur Besinnung einlädt. „Langweilig wird es nie", lacht Maike Selmayr. Die ersten sechs Jahre musste sie auch die Büroarbeit erledigen, manchmal bis tief in die Nacht. Doch seit 2020 unterstützt sie endlich eine Schreibkraft! Doch die Pastorin ist und bleibt ein Nachtmensch, schreibt häufig nachts Predigten oder stellt die Themen für das nächste Programmheft zusammen.

Besondere Erlebnisse sind für sie Gottesdienste direkt an der Kugelbake mit Taufen von Erwachsenen im Bauhafen. Da darf dann sogar der schwarze Talar einmal nass werden. Für eine solche Taufe ist immer eine Genehmigung des Wasserstraßen und Schifffahrtsamtes erforderlich, da es normalerweise verboten ist, in diesem Areal ins Wasser zu gehen. Nach einer Woche mit vorbereitendem Taufunterricht fühlen sich die erwachsenen Täuflinge manchmal ein bisschen wie damals bei der Taufe Jesu im Jordan. Und da es im Bauhafen auch schon einmal etwas kühler ist, wird über der hellen Taufkleidung gerne auch mal gelbe Ölkleidung getragen.

Maike Selmayr hat an der Nordsee ihren Traumberuf gefunden. Und den frischen Wind, den die Urlauberpastorin so gerne selbst atmet, hat sie nun in die Kapelle am Dohrmann-Platz gebracht.

Silvester im Sommer

Endlich Urlaub. Endlich Cuxhaven. Senta geht die Treppe auf den Deich in der Grimmershörner Bucht hinauf. Sie genießt Stufe für Stufe. Gleich wird sie seit langem wieder bis zum Horizont schauen können. Ganz anders als in der Großstadt. Der Blick darf sich weiten und man sieht die Krümmung der Erdoberfläche, die ganz ins Blau des Wassers getaucht in ein helleres Blau des Himmels übergeht. Wasser und Himmel verschwimmen. Nur wenn ganz in der Ferne ein Schiff entlangfährt, ahnt man, wo die Horizontlinie verlaufen muss.

Und auf ein weiteres Farbspiel freut sich Senta als sie die letzten Stufen auf den Deich erklimmt. Das Grün der Wiesen in der Bucht, die sanft geschwungene Uferpromenade und dann natürlich die Kugelbake, die links liegen muss. Wenn man auf einem Schiff wäre, würde es natürlich jetzt „backbord" heißen. In der milden Abendstimmung würde das Grün vom glitzernden Wasser der Elbe in ein ebenso sanftes friedliches Licht getaucht.

Endlich steht Senta auf dem Deich. Doch was ist das? Vom Grün ist kaum etwas zu sehen. Die Wiesen am Grünstrand leuchten kunterbunt. Ein Meer aus Strandkörben, ausgebreiteten Picknickdecken und lachenden Menschen begrüßt Senta. „Willkommen beim Sommerabend am Meer!" Ein freundlicher Herr streckt ihr die Hand entgegen. Senta ist völlig erstaunt und sagt gar nichts mehr. „Sie kennen doch den berühmten ‚Sommerabend am Meer', oder?", fragt der Mann noch einmal nach, während seine Augen amüsiert zu schmunzeln scheinen. „Nein, den habe ich hier noch nie erlebt", sagt Senta zögerlich und bedauert fast schon ein bisschen, dass sie bisher immer zu einer anderen Zeit hier im Urlaub gewesen war. „Kommen Sie doch einfach mit in unseren Strandkorb. Wir haben ein paar Leckerei-

Tausende Besucher machen es sich bei Sonnenuntergang auf dem Deich bequem beim „Sommerabend am Meer“.

en dabei und ein Gläschen Sekt bekommen Sie auch. Übrigens ist mein Name Uwe."
Er trägt blaue Jeans, ein kariertes aufgekrempeltes Hemd und ein blaues Halstuch. Auf irgendeine Weise wirkte er typisch norddeutsch und Senta fühlte sich gleich wohl. Sie müssen einige Picknickdecken im Slalom umlaufen. Überall riecht es nach leckerem Essen – mal nach Kartoffelsalat, dann nach Krabbenbrötchen und an anderer Stelle wiederum nach Matjes. In der Nähe der Promenade stehen viele Buden, an denen es ebenso leckere Häppchen gibt. Und natürlich haben die Besucher die verschiedensten Getränke dabei. Eine Band spielte rhythmische Melodien und kleine Kinder spielen zwischen den vielen bunten Strandkörben Verstecken.
„Ich vermute, dass hier so 18.000 Menschen in der Bucht sind", erklärt Uwe. Endlich sind sie am Strandkorb angekommen. Eine kleine Schar hat drei Strandkörbe ziemlich dicht gestellt und dazwischen Decken gelegt. Man kann auf den ersten Blick gar nicht sagen, was wohl bequemer ist. Alle begrüßen Senta herzlich, als wären sie die besten Freunde. Uwe bietet Senta im Strandkorb einen Platz an. Langsam wird es dunkel. Draußen in der Elbe, nahe der Bucht, liegt die Elbe 1 vor Anker. Auch auf ihr sind heute viele Menschen, die feiern. „Warte nur ab, wenn nachher das Feuerwerk beginnt", raunt Uwe Senta zu. Eine frohe Erwartungshaltung liegt in der Luft. In der Tat soll das spektakuläre Feuerwerk den Höhepunkt des Sommerabends bilden. Der Sommerabend am Meer ist eine beliebte und berühmte Tradition in Cuxhaven. Jedes Jahr pilgern mehrere tausend Menschen zu diesem Ereignis. Wenn es dunkel wird, stellen manche bunte Kerzen auf. Im Zusammenspiel mit den farbenfrohen Strandkörben und Decken verwandelt sich die Bucht in ein Farbenmeer. Endlich ist es so weit, um 22.45 Uhr beginnt

das Feuerwerk. Es ist ein bisschen wie Silvester, nur im Sommer. Riesige silberne und goldene Kaskaden erhellen die Dunkelheit. Einige Leute sind aufgestanden, um das Schauspiel besser betrachten zu können. Nun sieht es am dunklen Himmel aus wie ein Komet, der einige Schweife hinter sich herzieht. Danach steigt eine Kugel auf, die die Umgebung in ein grünes Licht taucht. Immer neue Farben und Formen entstehen während des Höhenfeuerwerks. Und als auf einmal ein rotes Herz am Himmel erscheint, geht ein Raunen durch die Menge und Uwe drückt ganz vorsichtig Sentas Hand.

Ein großes Kreuzfahrtschiff gleitet langsam vorbei. Die Menschen stehen an Deck und staunen. Das Horn des Schiffs tutet zur Begrüßung.

Nach einer halben Stunde ist das Feuerwerk vorbei. Jetzt ist es so dunkel, dass man kaum mehr die Menschen oder Wege sieht. Viele brechen nun auf und bahnen sich den Weg zum Fahrrad und Auto oder gehen zu Fuß nach Hause. Doch Senta und Uwe stehen noch ein wenig still und blicken auf das nun dunkle Wasser hinaus.

Zehn Jahre später ist wieder der Sommerabend am Meer. Noch mehr Menschen säumen diesmal den Deich. Auch Senta und Uwe sind wieder dabei. Uwe hält Senta fest im Arm. Damals hatten sie sich verliebt und ihre Liebe besteht nun seit zehn Jahren. Der Sommerabend am Meer hat ihnen Glück gebracht.

Der Bahnhof der Tränen

„Mutti, wo bist du?“, schluchzte der kleine Wilhelm und lief weinend durch die Menschenmenge. Gerade war er mit seiner Mutter und seinem Vater am großen Auswanderbahnhof, dem Amerikabahnhof, angekommen. Schon hielt ein neuer Zug aus Hamburg in Cuxhaven, aus dem wieder hunderte Menschen mit Überseekoffern ausstiegen. Es herrschte ein dichtes Gedränge am Bahnhof. So viele Menschen hatte der kleine Junge in Cuxhaven vorher noch nie gesehen. Zwischen 1912 und 1914 herrschte hier Hochbetrieb. Wilhelm wurde weitergeschoben, weg vom Bahnhof.

Die Hamburg-Amerika-Linie, die Hapag, hatte bereits 1889 ihren Schiffs-Liniendienst New York von Hamburg nach Cuxhaven verlegt. So fuhren täglich mehrere Züge zum Hafenbahnhof nach Cuxhaven. An manchen Tagen, wenn ein Schiff aus Amerika ankam und wieder ablegte, wurden 4000 Fahrgäste abgefertigt. So war die Sonderstrecke Hamburg–Cuxhaven oftmals überlastet. Und auch der Hafenbahnhof musste neu gebaut werden. Für die großen Schiffe wie der „Imperator“ oder der „Vaterland“, die in nachträglicher Konkurrenz zur Titanic als größte Schiffe standen, war die Cuxhavener Abfertigungsanlage zu klein geworden. In umfangreicher Bauarbeit wurden die Fläche und Tiefe erweitert. Mit 400 Meter Länge entstand damals die größte Pier der Welt, die 1931 als Steubenhöft nach Friedrich Wilhelm von Steuben benannt wurde.

Der kleine Wilhelm rannte verzweifelt durch die Menschenmenge, die sich ihren Weg in den Wartesaal bahnte. Hier war es etwas ruhiger. Wilhelm blickte sich um und staunte. Er war im Kuppelsaal gelandet, den ein großer Kronleuchter zierte. Dies war der Wartebereich für die 1. Klasse. Der ganze Bereich war

sehr prunkvoll gestaltet. Jemand schob Wilhelm einen Stuhl hin. „Hast du das Tor gesehen?“, fragte ein gut gekleideter Herr einen anderen. „Ja, der Albert Ballin weiß schon, wie er die Leute begeistert mit seinem Spruch ‚Mein Feld ist die Welt‘.“ „Seine Hapag ist ja jetzt auch auf allen Kontinenten präsent“, ergänzte der andere Herr. Wilhelm sah von einem zum anderen. Nun bückte sich der ältere Herr zu ihm herüber: „Und du, mein Junge? Wo willst du hin?“ „Nach Nu Nork“, antwortete Wilhelm schüchtern. „Nach New York wollen heute alle“, lachte der ältere Herr. Der andere blickte etwas traurig. „Ich lasse viel zurück. Meine Eltern, meine Geschwister und auch mein Stück Land, das ich mir mühsam erarbeitet habe. Jetzt kann ich wieder ganz von vorne anfangen.“ „Na, sie sind noch jung, das wird schon“, versuchte ihn der ältere Herr zu trösten. Wilhelm wurde es auch weinerlich zumute. Er wollte auch lieber in Cuxhaven bleiben. Von seinem besten Freund Peter hatte er sich gestern verabschieden müssen. Peter hatte ihm ein kleines Auto geschenkt, sein schönstes, als Erinnerung an ihre Freundschaft. Würde er Peter überhaupt jemals wiedersehen? Wilhelm fasste in die Tasche seines Mantels. Da war es, Peters Auto.
Plötzlich spürte er eine Hand auf seiner Schulter. „Wilhelm, da bist du ja.“ Es war seine Mutter. Endlich. Sie nahm Wilhelm auf den Arm, bedankte sich bei den beiden Herren für das Aufpassen und lief mit ihm hastig in den Zollgang zur Abfertigung. „Wie bist du denn bloß in die 1. Klasse gekommen? Das geht doch nicht. Aber egal, Hauptsache du bist wieder da.“ Sie presste Wilhelm eng an sich. Sie mussten sich beeilen. Der Zollgang war sehr lang und ziemlich schmal. Auf der einen Seite befanden sich zahlreiche Abfertigungsschalter nach den Buchstaben im Alphabet geordnet. In der Mitte standen Bänke zum Warten und an der linken Seite war nur noch ein schmaler Gang zum Wei-

Die Hapag-Hallen dienten als Wartesaal für die Auswanderer.

tergehen. Wieder herrschte dichtes Gedränge. Man hörte Rufe und manchmal auch ein Weinen. Nicht jeder wollte gerne auswandern, aber die Hoffnung auf ein besseres Leben in Amerika war doch größer. Viele Menschen verabschiedeten sich über Zeitungsinserate von Freunden und Bekannten. Immer klang Wehmut durch und natürlich auch die Sehnsucht nach einem Neuanfang.

An der Hand von Vater und Mutter ging der kleine Wilhelm nun durch den Zollgang in den gedeckten Gang. Dieser war erst neu gebaut worden und führte direkt zum Schiff. Als sich die Tür öffnete und Wilhelm die „Vaterland" sah, konnte er kaum begreifen, wie groß ein Schiff sein konnte. Er kannte sonst hauptsächlich die Fischkutter im Alten Fischereihafen. Aber die Vaterland war 1914 das größte Schiff der Welt. Mit 290 Metern Länge und 54.000 BRT sollte sie nun Cuxhaven Richtung New York verlassen. Nach dem Untergang der Titanic 1912 war auf größte Sicherheit Wert gelegt worden. 84 Rettungsboote standen zur Verfügung sowie wasserdichte Abteilungen und am Bug ein riesiger Scheinwerfer. Rund 4000 Personen fanden Platz auf dem riesigen Schiff.

Und dieses lag nun am Steubenhöft in Cuxhaven. Wilhelm bekam ein bisschen Angst. Er hielt Peters Auto in seiner Jackentasche fest umklammert. Viele Menschen umarmten sich ein letztes Mal. Auch seine Mutter musste weinen. Es war eine Mischung aus Trauer und Vorfreude. Ob Wilhelm in Amerika neue Freunde finden würde? Alles war so groß und furchteinflößend. Da sah er plötzlich auf dem Boden eine Puppe liegen. Sie war in eine Pfütze gefallen und ein bisschen nass. Wilhelm hob sie auf. In der Menschenmenge sah er ein kleines Mädchen in seinem Alter, das sich weinend und suchend umblickte. Wilhelm reichte dem Mädchen die Puppe. „Ist das deine?" Voller Dankbarkeit nahm das Mädchen die Puppe und strahlte Wilhelm an. Und da wusste er, dass er auch in Amerika Freunde finden würde. Und auf einmal sahen der Bahnhof und das große Schiff gar nicht mehr bedrohlich aus.

Noch heute kann das Steubenhöft besichtigt werden. Im Kuppelsaal der Hapag-Halle finden zahlreiche Veranstaltungen statt. Vieles erinnert noch an die damalige Zeit, nur der Kronleuchter ist modern geworden wie eine Art abstrakte Weltkugel. Wenn man im stillen, langen Zollgang steht, kann man sich die vielen Menschen noch gut vorstellen. So ist das Areal die einzige erhaltene und sogar betriebsbereite Abfertigungshalle in Europa. Und wer weiß, vielleicht fahren eines Tages von hier auch wieder Kreuzfahrtschiffe ab. Einige Ideen sind schon vorhanden.

Von der Schmuddelecke zur Galerie mit Gleisanschluss

Der Cuxhavener Bahnhof vor einigen Jahren: Man kann die Bahnhofshalle nur durch rostige Türen mit gesplittertem Glas betreten. Ein schmuddeliges Ambiente lädt nicht gerade zum Verweilen ein, alles grau in grau und kalt. Mehrere verschlossene Türen lassen erahnen, dass es noch mehr geben muss in diesem Gebäude, das immer mehr einer Ruine gleicht. Gibt es Geheimnisse?
2009 titelten die Cuxhavener Nachrichten: „Willkommen im Nordseeheilbad Cuxhaven – Heruntergekommener Bahnhof in Cuxhaven stößt zunehmend auf Kritik von Urlaubern und Berufspendlern – Dreck ohne Ende“. Es musste dringend etwas geschehen. Und dann war sie da, die Idee einer Bürgerinitiative zum Erhalt des Cuxhavener Bahnhofs. Der Gedanke, dass dieser abgerissen und stattdessen ein nüchternes Areal mit Einzelhandelsflächen entstehen sollte, ließ so manchen erschauern. Konnte nicht dieser alte Bahnhof aus dem Jahr 1898 gerettet werden? Ein historischer Bahnhof mit modernem und künstlerischem Ambiente, das wäre doch etwas.
Gabriele Grubel war von Anfang an dabei. Sie hat das Auf und Ab des Werdens des Bürgerbahnhofs wie viele andere miterlebt und ist im Vorstand aktiv: „Mut gehört dazu, eine gewisse Risikobereitschaft, Durchhaltevermögen, viel, viel Kleinarbeit, Zeit, aber vor allem eine Vision, wie der Bahnhof einmal werden soll: ein Ort der Begegnung mit allen Bahnhofsfunktionen in einem modernisierten Gebäude mit historischem Charakter.“
Die Bürgerinitiative gründete 2013 eine Genossenschaft. Schnell waren viele Anteile mit je 1000 Euro Einlage verkauft, sodass der Bahnhof mithilfe der Stadt und der Förderung des Landes

Niedersachsen erworben werden konnte. Doch nach dem Jubel über den Erhalt des Cuxhavener Bürgerbahnhofs, wie er nun heißt, ging es erstmal ganz handfest los.
Die erste Handlung: Müll aufsammeln. Der Bahnhof sollte von seiner dunklen und schmuddeligen Seite befreit werden. Anschließend ging es an die größeren Projekte: Die Entkernung der Halle stand an. Und nun konnte man das ganze Labyrinth an Räumen und in den verschiedenen Geschossen entdecken. Im Keller stand das Wasser, sodass man sich den Weg bahnen musste.
Im hinteren Teil befand sich sogar noch ein Luftschutzbunker mit dicken Betonwänden. Weiter ging es nach oben. Wieder viele Türen und Räume, manche vergessen und verstaubt, hier mal eine Wäscheleine, dort ein alter Panzerschrank. Die Treppen knarrten. Auf dem Dachboden nisteten Tauben. Und hier sollte einmal ein modernes Innenleben entstehen? Das war fast nicht vorstellbar. Doch wichtig war eins: Der Bahnhof sollte viel Licht bekommen, möglichst auch viel Glas und Platz für ein Restaurant, Büros und kleine Geschäfte.
Im Mai 2017 war die Baugenehmigung erteilt. Es konnte endlich losgehen. Doch schon bald trat ein neues Problem auf, das viele Cuxhavener tatkräftig lösten. Die alten Klinkersteine sollten erhalten bleiben und später in die Außenfassade eingefügt werden. Da diese jedoch mit der dahinterliegenden Wand fest verbunden waren, konnten die Außenklinker nur von Hand entfernt werden, was viel zu teuer geworden wäre. Also halfen tagelang viele, viele Menschen mit, trugen die Klinkersteine mühevoll ab, befreiten sie von Mörtel und lagerten sie auf Paletten, damit sie dann später an verschiedenen Stellen wieder eingesetzt werden konnten, um die beschädigte Fassade auszubessern. Die Aktion „Steinerettung“ war ein voller Erfolg.

Doch immer wieder gab es unvorhergesehene Überraschungen. Der alte Bahnhof war vor über 120 Jahren etwas windschief gebaut worden, sodass nun erst einmal Ecken, Winkel und Böden ausgeglichen werden mussten. Eigentlich sollte eine einladende Restaurantterrasse entstehen, die sich aber im Nachhinein als Bunker darstellte, der nun erst einmal abgetragen werden musste. Doch nach und nach zeigt der alte Bahnhof sein neues und frisches Gesicht. Am 14. Oktober 2018, am „Tag der offenen Tür", strömen über 1400 Menschen in den noch nicht fertiggestellten Bahnhof. Mit so viel Andrang hatte niemand gerechnet. Aus Sicherheitsgründen durften immer nur 200 Menschen gleichzeitig den Bahnhof betreten, sodass sich nun lange Schlangen bildeten.
Doch was wäre ein Bürgerbahnhof ohne seine Bürger? Farbenfroh soll er sein und eine Visitenkarte der Stadt Cuxhaven.

Ein Blick auf die große Bilderwand im Bahnhof.

So gestalteten über 200 Cuxhaven-Begeisterte eine riesige Bilderwand im Bahnhof. Es durften ganz frei Cuxhavener Motive gewählt werden, die dann allerdings in einer speziellen Farb-Nuance gemalt wurden: Die Kugelbake ganz in Blau oder die Küstenheide ganz in Rot als Beispiele. Von Nahem sind nun die einzelnen Motive sichtbar, von der Ferne dann ein Farbverlauf in den Cuxhavener Farben von dem Dunkelblau des Meeres über das Grau des Watts, das Gelb des Strandes bis zum Grün des Deichs und Rot der Ziegeldächer in den strahlend hellblauen Himmel. Sogar der NDR war von diesem Bahnhof begeistert und zeigte einen Bericht.

Daneben gibt es elf verschiedene Objektkästen von Cuxhavener Künstlern zu bestaunen, einen Film, in dem die Bahnhofsgenossen ihre Ambitionen zur Unterstützung des Projektes erklären sowie ihre Lieblingsplätze in Cuxhaven zeigen und auch die Cuxhavener Türme wie die Dicke Bertha, die Kugelbake, der Turm im Steubenhöft oder der Leuchtturm an der Alten Liebe strahlen in den großen Fenstern zu den Gleisen je nach Sonnenstand in Silber oder Gold.

Gabriele Grubel sitzt auf dem gemütlichen Warteboot aus Holz in der Bahnhofshalle: „Einer meiner Lieblingsorte im Cuxhavener Bürgerbahnhof ist der Flur im ersten Stockwerk mit Blick von oben auf das Geschehen in der Halle: Menschen, die entspannt auf dem Warteboot sitzen mit Rucksack, Tasche, Koffer oder auch nur einer Flasche Bier, Jugendliche in Gruppen. Ein wunderschöner, farbenfroher Ort. Meine Faszination für Bahnhöfe, die ich schon in meiner Jugend entwickelt habe, wird gestillt: ankommen und Abschied nehmen. Jede und jeder hat hier das Recht, „zu sein“, das Recht zu warten, auf den nächsten oder übernächsten Zug, einen lieben Menschen oder ... einfach nur so. Ein besonderer Ort, scheinbar ohne Hektik, ein Ort zum Verweilen.“

Wenn das Handy in der Galaxie klingelt

Einige Treppen muss man schon steigen, wenn man die Cuxhavener Max-Koch-Sternwarte, eine Ortsgruppe der Gesellschaft für volkstümliche Astronomie in Hamburg, besuchen will, die sich ganz oben unter dem Dach der Berufsbildenden Schulen in Cuxhaven befindet. Doch belohnt wird man sofort mit den ersten Eindrücken aus dem Weltall. Im gemütlichen Besucherraum, der Platz für etwa 25 Zuschauer bietet, hängen viele Bilder und Poster, die das Weltall aus verschiedenen Perspektiven zeigen. Man fühlt sich in der Tat wie in einer anderen Welt. 16 begeisterte Hobby-Astronomen treffen sich regelmäßig jeden Donnerstag, um die unendlichen Weiten des Weltalls zu ergründen. Der älteste ist mit 15 Jahren eingetreten und bereits seit 45 Jahren dabei und die beiden jüngsten haben gerade ihr Abitur gemacht. „Wenn man sich mit dem Weltall beschäftigt, kann man eigentlich nur über viele Probleme lächeln, die wir in unserem Alltag haben. Wir wollen Fragen beantworten und neugierig machen auf die großen Geheimnisse“, erklären sie.

Nur bei einer Frage müssen sie regelmäßig passen: „Können Sie uns sagen, wie viele Sterne es gibt?“ Das weiß das Team dann auch nicht. Doch die Faszination des dunklen Weltalls vermitteln sie nicht nur Erwachsenen, sondern auch Kindern und ganzen Schulklassen. Vor einiger Zeit war sogar die Jugendfeuerwehr aus Spieka in voller Montur dabei. Doch was macht man eigentlich als Hobby-Astronom in der Sternwarte? Sehr viel Zeit wird auf das Ausarbeiten von Vorträgen verwendet. Mit über 30 Vorträgen sind die Frühlings- und Sommermonate gut gefüllt, darunter so interessante wie die Reise durch das Sonnensystem, Datentransfer im All oder

Das große Teleskop unter der Kuppel in der Sternwarte.

Himmelserscheinungen. Das Stellarium gibt im völlig dunklen Zuschauerraum einen Echtzeiteinblick in den Tag- und Nachthimmel. Einzelne Sterne und Planeten können mit einem Klick vergrößert werden, sodass man in Sekunden die Oberfläche des Uranus anschauen kann oder schnell den Merkur überquert. Man kommt sich ein bisschen so vor wie bei Star Trek, sodass man schnell zu einem beliebigen Ort gebeamt wird.
Eine sehr frühe Gruppe der Hobby-Astronomen ist sogar aus dem Star-Trek-Club Cuxhaven entstanden. Die Sternwarte wurde 1974 von Max Koch gegründet, der damals als Abteilungsleiter bei der Firma Siemens gearbeitet hat. Er wollte den Schülern der Cuxhavener Seefahrtsschule ermöglichen, ihre Navigationskenntnisse mithilfe des nächtlichen Himmels zu erweitern. Damals gab es noch kein GPS, sondern alles wurde mit dem Sextant gemessen. Mit großem finanziellem und ideellem Einsatz half Max Koch diese Sternwarte ganz oben auf das damals neu errichtete Gebäude der Berufsbildenden Schulen zu bauen. Zunächst bekam sie ein großes Schiebedach, sodass die Sterne direkt beobachtet werden konnten. 1996 wurde auf dem Dach dann eine Kuppel installiert, in der sich der Stolz der Sternwarte befindet: ein 14-Zoll-Teleskop, mit dem man Objekte beobachten kann, die Millionen von Lichtjahren entfernt sind. Wunderschöne Bilder sind hier schon entstanden, so auch eins, wie sich die Venus vor die Sonne schiebt. Dieses Spektakel wird erst wieder in 150 Jahren sichtbar sein.
Eine schmale Leiter führt in die Kuppel, in der sich nur wenige Personen aufhalten können. Das gewaltige Teleskop ist schon beeindruckend und nicht zu vergleichen mit den ganz normalen Teleskopen. In der silbrigen Kuppel fühlt man sich dem Weltall sehr nah. Es wirkt fast schon ein bisschen futuristisch. Bei kla-

rem Nachthimmel lohnt sich hier das Beobachten der Himmelskörper. Wenn man den Andromeda-Nebel anschaut, sieht man etwa 2,2 Millionen Jahre in die Vergangenheit, so lange dauert es, bis das Licht die Erde erreicht.

Aber auch weniger Romantisches gehört zum Alltag der Hobby-Astrologen: Immer wieder müssen Restaurierungsarbeiten durchgeführt werden. Doch auch dabei lässt es sich immer wieder staunen. Würde jemand in einer entfernten Galaxie bei uns anrufen und in der Pause eine Pizza bestellen wollen, dann würden 170 Millionen Jahre vergehen, bis bei uns das Handy klingelt.

Weitere Bücher aus der Region

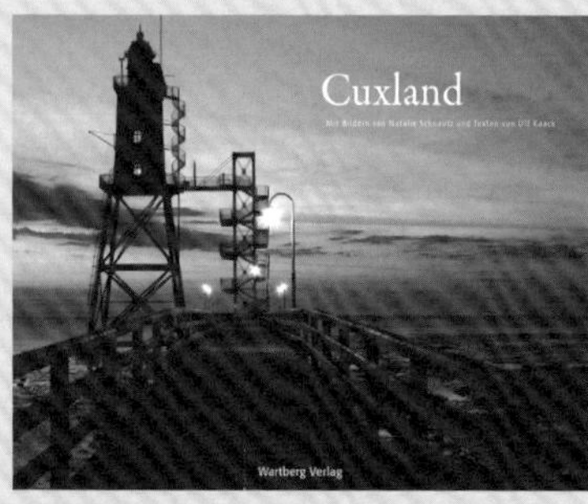

Cuxland – Farbbildband
Ulf Kaack/Natalie Schnautz
64 S., Hardcover, Farbfotos
ISBN 978-3-8313-2318-0

Bremerhaven – Farbbildband
Günter Franz/Ulf Kaack
deutsch/english/français
72 S., Hardcover, Farbfotos
ISBN 978-3-8313-2370-8

Geschichten und Anekdoten aus Bremerhaven
Hafen, Hüftschwung, heiße Öfen
Christian Mangels
Hafen, Hüftschwung, heiße Öfen
80 S., Hardcover, S/w-Fotos
ISBN 978-3-8313-2120-9

Unsere Kindheit im Norden
50er-, 60er-, 70er-Jahre
Ulf Kaack
72 S., Hardcover, Farb- und S/w-Fotos
ISBN 978-3-8313-2231-2